VOCABULARIO KIRGUÍS
palabras más usadas

Los vocabularios de T&P Books buscan ayudar al aprendiz a aprender, memorizar y repasar palabras de idiomas extranjeros. Los vocabularios contienen más de 3000 palabras comúnmente usadas y organizadas de manera temática.

· El vocabulario contiene las palabras corrientes más usadas.
· Se recomienda como ayuda adicional a cualquier curso de idiomas.
· Capta las necesidades de aprendices de nivel principiante y avanzado.
· Es conveniente para uso cotidiano, prácticas de revisión y actividades de auto-evaluación.
· Facilita la evaluación del vocabulario.

Aspectos claves del vocabulario

· Las palabras se organizan según el significado, no según el orden alfabético.
· Las palabras se presentan en tres columnas para facilitar los procesos de repaso y auto-evaluación.
· Los grupos de palabras se dividen en pequeñas secciones para facilitar el proceso de aprendizaje.
· El vocabulario ofrece una transcripción sencilla y conveniente de cada palabra extranjera.

El vocabulario contiene 101 temas que incluyen lo siguiente:

Conceptos básicos, números, colores, meses, estaciones, unidades de medidas, ropa y accesorios, comida y nutrición, restaurantes, familia nuclear, familia extendida, características de personalidad, sentimientos, emociones, enfermedades, la ciudad y el pueblo, exploración del paisaje, compras, finanzas, la casa, el hogar, la oficina, el trabajo en oficina, importación y exportación, promociones, búsqueda de trabajo, deportes, educación, computación, la red, herramientas, la naturaleza, los países, las nacionalidades y más ...

TABLA DE CONTENIDO

GUÍA DE PRONUNCIACIÓN

T&P alfabeto fonético	Ejemplo kirguís	Ejemplo español
[a]	манжа [mandʒa]	radio
[e]	келечек [keletʃek]	verano
[i]	жигит [dʒigit]	ilegal
[ɪ]	кубаныч [kubanɪtʃ]	abismo
[o]	мактоо [maktoo]	bordado
[u]	узундук [uzunduk]	mundo
[ʉ]	алюминий [alʉminij]	ciudad
[y]	түнкү [tynky]	pluma
[b]	ашкабак [aʃkabak]	en barco
[d]	адам [adam]	desierto
[dʒ]	жыгач [dʒɪgatʃ]	jazz
[f]	флейта [flejta]	golf
[g]	тегерек [tegerek]	jugada
[j]	бөйрөк [bøjrøk]	asiento
[k]	карапа [karapa]	charco
[l]	алтын [altɪn]	lira
[m]	бешмант [beʃmant]	nombre
[n]	найза [najza]	número
[ŋ]	булуң [buluŋ]	rincón
[p]	пайдубал [pajdubal]	precio
[r]	рахмат [raχmat]	era, alfombra
[s]	сагызган [sagɪzgan]	salva
[ʃ]	бурулуш [buruluʃ]	shopping
[t]	түтүн [tytyn]	torre
[χ]	пахтадан [paχtadan]	reloj, ojo
[ts]	шприц [ʃprits]	tsunami
[tʃ]	биринчи [birintʃi]	mapache
[v]	квартал [kvartal]	travieso
[z]	казуу [kazuu]	desde
[ʲ]	руль, актёр [rulʲ, aktʲor]	signo de palatalización
[ʰ]	объектив [obʰjektiv]	signo duro

ABREVIATURAS
usadas en el vocabulario

Abreviatura en español

adj	-	adjetivo
adv	-	adverbio
anim.	-	animado
conj	-	conjunción
etc.	-	etcétera
f	-	sustantivo femenino
f pl	-	femenino plural
fam.	-	uso familiar
fem.	-	femenino
form.	-	uso formal
inanim.	-	inanimado
innum.	-	innumerable
m	-	sustantivo masculino
m pl	-	masculino plural
m, f	-	masculino, femenino
masc.	-	masculino
mat	-	matemáticas
mil.	-	militar
num.	-	numerable
p.ej.	-	por ejemplo
pl	-	plural
pron	-	pronombre
sg	-	singular
v aux	-	verbo auxiliar
vi	-	verbo intransitivo
vi, vt	-	verbo intransitivo, verbo transitivo
vr	-	verbo reflexivo
vt	-	verbo transitivo

CONCEPTOS BÁSICOS

1. Los pronombres

yo	мен, мага	men, maga
tú	сен	sen
él, ella, ello	ал	al
ellos, ellas	алар	alar

2. Saludos. Salutaciones

¡Hola! (fam.)	Салам!	salam!
¡Hola! (form.)	Саламатсызбы!	salamatsızbı!
¡Buenos días!	Кутман таңыңыз менен!	kutman taŋıŋız menen!
¡Buenas tardes!	Кутман күнүңүз менен!	kutman kynyŋyz menen!
¡Buenas noches!	Кутман кечиңиз менен!	kutman ketʃiŋiz menen!
decir hola	учурашуу	utʃuraʃuu
¡Hola! (a un amigo)	Кандай!	kandaj!
saludo (m)	салам	salam
saludar (vt)	саламдашуу	salamdaʃuu
¿Cómo estás?	Иштериң кандай?	iʃteriŋ kandaj?
¿Cómo estáis?	Иштериңиз кандай?	iʃteriŋiz kandaj?
¿Cómo estás?	Иштер кандай?	iʃter kandaj?
¿Qué hay de nuevo?	Эмне жаңылык?	emne dʒaŋılık?
¡Chau! ¡Adiós!	Көрүшкөнчө!	køryʃkøntʃø!
¡Hasta pronto!	Эмки жолукканга чейин!	emki dʒolukkanga tʃejin!
¡Adiós! (fam.)	Кош бол!	koʃ bol!
¡Adiós! (form.)	Кош болуңуз!	koʃ boluŋuz!
despedirse (vr)	коштошуу	koʃtoʃuu
¡Hasta luego!	Жакшы кал!	dʒakʃı kal!
¡Gracias!	Рахмат!	raxmat!
¡Muchas gracias!	Чоң рахмат!	tʃoŋ raxmat!
De nada	Эч нерсе эмес	etʃ nerse emes
No hay de qué	Алкышка арзыбайт	alkıʃka arzıbajt
De nada	Эчтеке эмес.	etʃteke emes
¡Disculpa!	Кечир!	ketʃir!
¡Disculpe!	Кечирип коюңузчу!	ketʃirip kojuŋuztʃu!
disculpar (vt)	кечирүү	ketʃiryy
disculparse (vr)	кечирим суроо	ketʃirim suroo
Mis disculpas	Кечирим сурайм.	ketʃirim surajm
¡Perdóneme!	Кечиресиз!	ketʃiresiz!
perdonar (vt)	кечирүү	ketʃiryy
¡No pasa nada!	Эч капачылык жок.	etʃ kapatʃılık dʒok

por favor	суранам	suranam
¡No se le olvide!	Унутуп калбаңыз!	unutup kalbaŋız!
¡Ciertamente!	Албетте!	albette!
¡Claro que no!	Албетте жок!	albette dʒok!
¡De acuerdo!	Макул!	makul!
¡Basta!	Жетишет!	dʒetiʃet!

3. Las preguntas

¿Quién?	Ким?	kim?
¿Qué?	Эмне?	emne?
¿Dónde?	Каерде?	kaerde?
¿Adónde?	Каяка?	kajaka?
¿De dónde?	Каяктан?	kajaktan?
¿Cuándo?	Качан?	katʃan?
¿Para qué?	Эмне үчүн?	emne ytʃyn?
¿Por qué?	Эмнеге?	emnege?

¿Por qué razón?	Кайсы керекке?	kajsı kerekke?
¿Cómo?	Кандай?	kandaj?
¿Qué ...? (~ color)	Кайсы?	kajsı?
¿Cuál?	Кайсынысы?	kajsınısı?

¿A quién?	Кимге?	kimge?
¿De quién? (~ hablan ...)	Ким жөнүндө?	kim dʒønyndø?
¿De qué?	Эмне жөнүндө?	emne dʒønyndø?
¿Con quién?	Ким менен?	kim menen?

¿Cuánto?	Канча?	kantʃa?
¿De quién? (~ es este ...)	Кимдики?	kimdiki?
¿De quién? (fem.)	Кимдики?	kimdiki?
¿De quién? (pl)	Кимдердики?	kimderdiki?

4. Las preposiciones

con ... (~ algn)	менен	menen
sin ... (~ azúcar)	-сыз, -сиз	-sız, -siz
a ... (p.ej. voy a México)	... кездей	... køzdøj
de ... (hablar ~)	... жөнүндө	... dʒønyndø

| antes de ... | ... астында | ... astında |
| delante de ... | ... алдында | ... aldında |

debajo de ...	... астында	... astında
sobre ..., encima de ...	... өйдө	... øjdø
en, sobre (~ la mesa)	... үстүндө	... ystyndø

| de (origen) | -дан | -dan |
| de (fabricado de) | -дан | -dan |

| dentro de ... | ... ичинде | ... itʃinde |
| encima de ... | ... үстүнөн | ... ystynøn |

5. Las palabras útiles. Los adverbios. Unidad 1

¿Dónde?	Каерде?	kaerde?
aquí (adv)	бул жерде	bul dʒerde
allí (adv)	тээтигил жакта	teetigil dʒakta
en alguna parte	бир жерде	bir dʒerde
en ninguna parte	эч жакта	etʃ dʒakta
junto a ...	... жанында	... dʒanında
junto a la ventana	терезенин жанында	terezenin dʒanında
¿A dónde?	Каяка?	kajaka?
aquí (venga ~)	бери	beri
allí (vendré ~)	нары	narı
de aquí (adv)	бул жерден	bul dʒerden
de allí (adv)	тигил жерден	tigil dʒerden
cerca (no lejos)	жакын	dʒakın
lejos (adv)	алыс	alıs
cerca de ...	... тегерегинде	... tegereginde
al lado (de ...)	жакын арада	dʒakın arada
no lejos (adv)	алыс эмес	alıs emes
izquierdo (adj)	сол	sol
a la izquierda (situado ~)	сол жакта	sol dʒakta
a la izquierda (girar ~)	солго	solgo
derecho (adj)	оң	oŋ
a la derecha (situado ~)	оң жакта	oŋ dʒakta
a la derecha (girar)	оңго	oŋgo
delante (yo voy ~)	астыда	astıda
delantero (adj)	алдыңкы	aldıŋkı
adelante (movimiento)	алдыга	aldıga
detrás de ...	артында	artında
desde atrás	артынан	artınan
atrás (da un paso ~)	артка	artka
centro (m), medio (m)	ортосу	ortosu
en medio (adv)	ортосунда	ortosunda
de lado (adv)	капталында	kaptalında
en todas partes	бүт жерде	byt dʒerde
alrededor (adv)	айланасында	ajlanasında
de dentro (adv)	ичинде	itʃinde
a alguna parte	бир жерде	bir dʒerde
todo derecho (adv)	түз	tyz
atrás (muévelo para ~)	кайра	kajra
de alguna parte (adv)	бир жерден	bir dʒerden
no se sabe de dónde	бир жактан	bir dʒaktan

primero (adv)	биринчиден	birintʃiden
segundo (adv)	экинчиден	ekintʃiden
tercero (adv)	үчүнчүдөн	ytʃyntʃydøn

de súbito (adv)	күтпөгөн жерден	kytpøgøn dʒerden
al principio (adv)	башында	baʃında
por primera vez	биринчи жолу	birintʃi dʒolu
mucho tiempo antes ...	... алдында	... aldında
de nuevo (adv)	башынан	baʃınan
para siempre (adv)	түбөлүккө	tybølykkø

jamás, nunca (adv)	эч качан	etʃ katʃan
de nuevo (adv)	кайра	kajra
ahora (adv)	эми	emi
frecuentemente (adv)	көпчүлүк учурда	køptʃylyk utʃurda
entonces (adv)	анда	anda
urgentemente (adv)	тезинен	tezinen
usualmente (adv)	көбүнчө	købyntʃø

a propósito, ...	баса, ...	basa, ...
es probable	мүмкүн	mymkyn
probablemente (adv)	балким	balkim
tal vez	ыктымал	ıktımal
además ...	андан тышкары, ...	andan tıʃkarı, ...
por eso ...	ошондуктан ...	oʃonduktan ...
a pesar de ...	... карабастан	... karabastan
gracias a ...	... күчү менен	... kytʃy menen

qué (pron)	эмне	emne
que (conj)	эмне	emne
algo (~ le ha pasado)	бир нерсе	bir nerse
algo (~ así)	бир нерсе	bir nerse
nada (f)	эч нерсе	etʃ nerse

quien	ким	kim
alguien (viene ~)	кимдир бирөө	kimdir birøø
alguien (¿ha llamado ~?)	бирөө жарым	birøø dʒarım

nadie	эч ким	etʃ kim
a ninguna parte	эч жака	etʃ dʒaka
de nadie	эч кимдики	etʃ kimdiki
de alguien	бирөөнүкү	birøønyky

tan, tanto (adv)	эми	emi
también (~ habla francés)	ошондой эле	oʃondoj ele
también (p.ej. Yo ~)	дагы	dagı

6. Las palabras útiles. Los adverbios. Unidad 2

¿Por qué?	Эмнеге?	emnege?
no se sabe porqué	эмнегедир	emnegedir
porque ...	... себептен	... sebepten
por cualquier razón (adv)	эмне үчүндүр	emne ytʃyndyr
y (p.ej. uno y medio)	жана	dʒana

o (p.ej. té o café)	же	dʒe
pero (p.ej. me gusta, ~)	бирок	birok
para (p.ej. es para ti)	үчүн	ytʃyn
demasiado (adv)	өтө эле	øtø ele
sólo, solamente (adv)	азыр эле	azır ele
exactamente (adv)	так	tak
unos ...,	болжол менен	boldʒol menen
cerca de ... (~ 10 kg)		
aproximadamente	болжол менен	boldʒol menen
aproximado (adj)	болжолдуу	boldʒolduu
casi (adv)	дээрлик	deerlik
resto (m)	калганы	kalganı
el otro (adj)	башка	baʃka
otro (p.ej. el otro día)	башка бөлөк	baʃka bøløk
cada (adj)	ар бири	ar biri
cualquier (adj)	баардык	baardık
mucho (adv)	көп	køp
muchos (mucha gente)	көбү	køby
todos	баары	baarı
a cambio de ...	... алмашуу	... almaʃuu
en cambio (adv)	ордуна	orduna
a mano (hecho ~)	колго	kolgo
poco probable	ишенүүгө болбойт	iʃenyygø bolbojt
probablemente	балким	balkim
a propósito (adv)	атайын	atajın
por accidente (adv)	кокустан	kokustan
muy (adv)	аябай	ajabaj
por ejemplo (adv)	мисалы	misalı
entre (~ nosotros)	ортосунда	ortosunda
entre (~ otras cosas)	арасында	arasında
tanto (~ gente)	ошончо	oʃontʃo
especialmente (adv)	өзгөчө	øzgøtʃø

NÚMEROS. MISCELÁNEA

7. Números cardinales. Unidad 1

cero	нөл	nøl
uno	бир	bir
dos	эки	eki
tres	үч	ytʃ
cuatro	төрт	tørt
cinco	беш	beʃ
seis	алты	altı
siete	жети	dʒeti
ocho	сегиз	segiz
nueve	тогуз	toguz
diez	он	on
once	он бир	on bir
doce	он эки	on eki
trece	он үч	on ytʃ
catorce	он төрт	on tørt
quince	он беш	on beʃ
dieciséis	он алты	on altı
diecisiete	он жети	on dʒeti
dieciocho	он сегиз	on segiz
diecinueve	он тогуз	on toguz
veinte	жыйырма	dʒıjırma
veintiuno	жыйырма бир	dʒıjırma bir
veintidós	жыйырма эки	dʒıjırma eki
veintitrés	жыйырма үч	dʒıjırma ytʃ
treinta	отуз	otuz
treinta y uno	отуз бир	otuz bir
treinta y dos	отуз эки	otuz eki
treinta y tres	отуз үч	otuz ytʃ
cuarenta	кырк	kırk
cuarenta y dos	кырк эки	kırk eki
cuarenta y tres	кырк үч	kırk ytʃ
cincuenta	элүү	elyy
cincuenta y uno	элүү бир	elyy bir
cincuenta y dos	элүү эки	elyy eki
cincuenta y tres	элүү үч	elyy ytʃ
sesenta	алтымыш	altımıʃ
sesenta y uno	алтымыш бир	altımıʃ bir
sesenta y dos	алтымыш эки	altımıʃ eki

sesenta y tres	алтымыш үч	altımıʃ ytʃ
setenta	жетимиш	dʒetimiʃ
setenta y uno	жетимиш бир	dʒetimiʃ bir
setenta y dos	жетимиш эки	dʒetimiʃ eki
setenta y tres	жетимиш үч	dʒetimiʃ ytʃ

ochenta	сексен	seksen
ochenta y uno	сексен бир	seksen bir
ochenta y dos	сексен эки	seksen eki
ochenta y tres	сексен үч	seksen ytʃ

noventa	токсон	tokson
noventa y uno	токсон бир	tokson bir
noventa y dos	токсон эки	tokson eki
noventa y tres	токсон үч	tokson ytʃ

8. Números cardinales. Unidad 2

cien	бир жүз	bir dʒyz
doscientos	эки жүз	eki dʒyz
trescientos	үч жүз	ytʃ dʒyz
cuatrocientos	төрт жүз	tørt dʒyz
quinientos	беш жүз	beʃ dʒyz

seiscientos	алты жүз	altı dʒyz
setecientos	жети жүз	dʒeti dʒyz
ochocientos	сегиз жүз	segiz dʒyz
novecientos	тогуз жүз	toguz dʒyz

mil	бир миң	bir miŋ
dos mil	эки миң	eki miŋ
tres mil	үч миң	ytʃ miŋ
diez mil	он миң	on miŋ
cien mil	жүз миң	dʒyz miŋ
millón (m)	миллион	million
mil millones	миллиард	milliard

9. Números ordinales

primero (adj)	биринчи	birintʃi
segundo (adj)	экинчи	ekintʃi
tercero (adj)	үчүнчү	ytʃyntʃy
cuarto (adj)	төртүнчү	tørtyntʃy
quinto (adj)	бешинчи	beʃintʃi

sexto (adj)	алтынчы	altıntʃı
séptimo (adj)	жетинчи	dʒetintʃi
octavo (adj)	сегизинчи	segizintʃi
noveno (adj)	тогузунчу	toguzuntʃu
décimo (adj)	онунчу	onuntʃu

LOS COLORES. LAS UNIDADES DE MEDIDA

10. Los colores

color (m)	түс	tys
matiz (m)	кошумча түс	koʃumʧa tys
tono (m)	кубулуу	kubuluu
arco (m) iris	күндүн кулагы	kyndyn kulagı
blanco (adj)	ак	ak
negro (adj)	кара	kara
gris (adj)	боз	boz
verde (adj)	жашыл	ʤaʃıl
amarillo (adj)	сары	sarı
rojo (adj)	кызыл	kızıl
azul (adj)	көк	køk
azul claro (adj)	көгүлтүр	køgyltyr
rosa (adj)	мала	mala
naranja (adj)	кызгылт сары	kızgılt sarı
violeta (adj)	сыя көк	sija køk
marrón (adj)	күрөӊ	kyrøŋ
dorado (adj)	алтын түстүү	altın tystyy
argentado (adj)	күмүш өӊдүү	kymyʃ øŋdyy
beige (adj)	сары боз	sarı boz
crema (adj)	саргылт	sargılt
turquesa (adj)	бирюза	birɥza
rojo cereza (adj)	кочкул кызыл	kotʃkul kızıl
lila (adj)	кызгылт көгүш	kızgılt køgyʃ
carmesí (adj)	ачык кызыл	atʃık kızıl
claro (adj)	ачык	atʃık
oscuro (adj)	күӊүрт	kyŋyrt
vivo (adj)	ачык	atʃık
de color (lápiz ~)	түстүү	tystyy
en colores (película ~)	түстүү	tystyy
blanco y negro (adj)	ак-кара	ak-kara
unicolor (adj)	бир өӊчөй түстө	bir øŋʧøj tystø
multicolor (adj)	ар түрдүү түстө	ar tyrdyy tystø

11. Las unidades de medida

peso (m)	салмак	salmak
longitud (f)	узундук	uzunduk

anchura (f)	жазылык	ʤazılık
altura (f)	бийиктик	bijiktik
profundidad (f)	терендик	terendik
volumen (m)	көлөм	køløm
área (f)	аянт	ajant

gramo (m)	грамм	gramm
miligramo (m)	миллиграмм	milligramm
kilogramo (m)	килограмм	kilogramm
tonelada (f)	тонна	tonna
libra (f)	фунт	funt
onza (f)	унция	untsija

metro (m)	метр	metr
milímetro (m)	миллиметр	millimetr
centímetro (m)	сантиметр	santimetr
kilómetro (m)	километр	kilometr
milla (f)	миля	milʲa

pulgada (f)	дюйм	dɥjm
pie (m)	фут	fut
yarda (f)	ярд	jard

metro (m) cuadrado	квадраттык метр	kvadrattık metr
hectárea (f)	гектар	gektar

litro (m)	литр	litr
grado (m)	градус	gradus
voltio (m)	вольт	volʲt
amperio (m)	ампер	amper
caballo (m) de fuerza	ат күчү	at kytʃy

cantidad (f)	саны	sanı
un poco de ...	... бир аз	... bir az
mitad (f)	жарым	ʤarım
docena (f)	он эки даана	on eki daana
pieza (f)	даана	daana

dimensión (f)	чондук	tʃonduk
escala (f) (del mapa)	өлчөмчен	øltʃømtʃen

mínimo (adj)	минималдуу	minimalduu
el más pequeño (adj)	эң кичинекей	eŋ kitʃinekej
medio (adj)	орточо	ortotʃo
máximo (adj)	максималдуу	maksimalduu
el más grande (adj)	эң чоң	eŋ tʃoŋ

12. Contenedores

tarro (m) de vidrio	банка	banka
lata (f) de hojalata	банка	banka
cubo (m)	чака	tʃaka
barril (m)	бочка	botʃka
palangana (f)	дагара	dagara

tanque (m)	бак	bak
petaca (f) (de alcohol)	фляжка	flʲadʒka
bidón (m) de gasolina	канистра	kanistra
cisterna (f)	цистерна	tsɪsterna

taza (f) (mug de cerámica)	кружка	krudʒka
taza (f) (~ de café)	чөйчөк	tʃøjtʃøk
platillo (m)	табак	tabak
vaso (m) (~ de agua)	ыстакан	ɪstakan
copa (f) (~ de vino)	бокал	bokal
olla (f)	мискей	miskej

| botella (f) | бөтөлкө | bøtølkø |
| cuello (m) de botella | оозу | oozu |

garrafa (f)	графин	grafin
jarro (m) (~ de agua)	кумура	kumura
recipiente (m)	идиш	idiʃ
tarro (m)	карапа	karapa
florero (m)	ваза	vaza

frasco (m) (~ de perfume)	флакон	flakon
frasquito (m)	кичине бөтөлкө	kitʃine bøtølkø
tubo (m)	тюбик	tʉbik

saco (m) (~ de azúcar)	кап	kap
bolsa (f) (~ plástica)	пакет	paket
paquete (m) (~ de cigarrillos)	пачке	patʃke

caja (f)	куту	kutu
cajón (m) (~ de madera)	үкөк	ykøk
cesta (f)	себет	sebet

LOS VERBOS MÁS IMPORTANTES

13. Los verbos más importantes. Unidad 1

abrir (vt)	ачуу	atʃuu
acabar, terminar (vt)	бүтүрүү	bytyryy
aconsejar (vt)	кеңеш берүү	keŋeʃ beryy
adivinar (vt)	жандырмагын табуу	dʒandırmagın tabuu
advertir (vt)	эскертүү	eskertyy
alabarse, jactarse (vr)	мактануу	maktanuu
almorzar (vi)	түштөнүү	tyʃtønyy
alquilar (~ una casa)	батирге алуу	batirge aluu
amenazar (vt)	коркутуу	korkutuu
arrepentirse (vr)	өкүнүү	økynyy
ayudar (vt)	жардам берүү	dʒardam beryy
bañarse (vr)	сууга түшүү	suuga tyʃyy
bromear (vi)	тамашалоо	tamaʃaloo
buscar (vt)	... издөө	... izdøø
caer (vi)	жыгылуу	dʒıgıluu
callarse (vr)	унчукпоо	untʃukpoo
cambiar (vt)	өзгөртүү	øzgørtyy
castigar, punir (vt)	жазалоо	dʒazaloo
cavar (vt)	казуу	kazuu
cazar (vi, vt)	аңчылык кылуу	aŋtʃılık kıluu
cenar (vi)	кечки тамакты ичүү	ketʃki tamaktı itʃyy
cesar (vt)	токтотуу	toktotuu
coger (vt)	кармоо	karmoo
comenzar (vt)	баштоо	baʃtoo
comparar (vt)	салыштыруу	salıʃtıruu
comprender (vt)	түшүнүү	tyʃynyy
confiar (vt)	ишенүү	iʃenyy
confundir (vt)	адаштыруу	adaʃtıruu
conocer (~ a alguien)	таануу	taanuu
contar (vt) (enumerar)	саноо	sanoo
contar con ...	... ишенүү	... iʃenyy
continuar (vt)	улантуу	ulantuu
controlar (vt)	башкаруу	baʃkaruu
correr (vi)	чуркоо	tʃurkoo
costar (vt)	туруу	turuu
crear (vt)	жаратуу	dʒaratuu

14. Los verbos más importantes. Unidad 2

dar (vt)	берүү	beryy
dar una pista	четин чыгаруу	tʃetin tʃıgaruu

decir (vt)	айтуу	ajtuu
decorar (para la fiesta)	кооздоо	koozdoo
defender (vt)	коргоо	korgoo
dejar caer	түшүрүп алуу	tyʃyryp aluu
desayunar (vi)	эртең менен тамактануу	erteŋ menen tamaktanuu
descender (vi)	ылдый түшүү	ıldıj tyʃyy
dirigir (administrar)	башкаруу	baʃkaruu
disculpar (vt)	кечирүү	ketʃiryy
disculparse (vr)	кечирим суроо	ketʃirim suroo
discutir (vt)	талкуулоо	talkuuloo
dudar (vt)	күмөн саноо	kymøn sanoo
encontrar (hallar)	таап алуу	taap aluu
engañar (vi, vt)	алдоо	aldoo
entrar (vi)	кирүү	kiryy
enviar (vt)	жөнөтүү	dʒønøtyy
equivocarse (vr)	ката кетирүү	kata ketiryy
escoger (vt)	тандоо	tandoo
esconder (vt)	жашыруу	dʒaʃıruu
escribir (vt)	жазуу	dʒazuu
esperar (aguardar)	күтүү	kytyy
esperar (tener esperanza)	үмүттөнүү	ymyttønyy
estar de acuerdo	макул болуу	makul boluu
estudiar (vt)	окуу	okuu
exigir (vt)	талап кылуу	talap kıluu
existir (vi)	чыгуу	tʃıguu
explicar (vt)	түшүндүрүү	tyʃyndyryy
faltar (a las clases)	калтыруу	kaltıruu
firmar (~ el contrato)	кол коюу	kol kojʉu
girar (~ a la izquierda)	бурулуу	buruluu
gritar (vi)	кыйкыруу	kıjkıruu
guardar (conservar)	сактоо	saktoo
gustar (vi)	жактыруу	dʒaktıruu
hablar (vi, vt)	сүйлөө	syjløø
hacer (vt)	кылуу	kıluu
informar (vt)	маалымат берүү	maalımat beryy
insistir (vi)	көшөрүү	køʃøryy
insultar (vt)	кемсинтүү	kemsintyy
interesarse (vr)	... кызыгуу	... kızıguu
invitar (vt)	чакыруу	tʃakıruu
ir (a pie)	жөө басуу	dʒøø basuu
jugar (divertirse)	ойноо	ojnoo

15. Los verbos más importantes. Unidad 3

leer (vi, vt)	окуу	okuu
liberar (ciudad, etc.)	бошотуу	boʃotuu

llamar (por ayuda)	чакыруу	tʃakıruu
llegar (vi)	келүү	kelyy
llorar (vi)	ыйлоо	ıjloo

matar (vt)	өлтүрүү	øltyryy
mencionar (vt)	айтып өтүү	ajtıp øtyy
mostrar (vt)	көрсөтүү	kørsøtyy
nadar (vi)	сүзүү	syzyy

negarse (vr)	баш тартуу	baʃ tartuu
objetar (vt)	каршы болуу	karʃı boluu
observar (vt)	байкоо салуу	bajkoo
oír (vt)	угуу	uguu

olvidar (vt)	унутуу	unutuu
orar (vi)	дуба кылуу	duba kıluu
ordenar (mil.)	буйрук кылуу	bujruk kıluu
pagar (vi, vt)	төлөө	tøløø
pararse (vr)	токтоо	toktoo

participar (vi)	катышуу	katıʃuu
pedir (ayuda, etc.)	суроо	suroo
pedir (en restaurante)	буйрутма кылуу	bujrutma kıluu
pensar (vi, vt)	ойлоо	ojloo

percibir (ver)	байкоо	bajkoo
perdonar (vt)	кечирүү	ketʃiryy
permitir (vt)	уруксат берүү	uruksat beryy
pertenecer a ...	таандык болуу	taandık boluu

planear (vt)	пландаштыруу	plandaʃtıruu
poder (v aux)	жасай алуу	dʒasaj aluu
poseer (vt)	ээ болуу	ee boluu
preferir (vt)	артык көрүү	artık køryy
preguntar (vt)	суроо	suroo

preparar (la cena)	тамак бышыруу	tamak bıʃıruu
prever (vt)	күтүү	kytyy
probar, tentar (vt)	аракет кылуу	araket kıluu
prometer (vt)	убада берүү	ubada beryy
pronunciar (vt)	айтуу	ajtuu

proponer (vt)	сунуштоо	sunuʃtoo
quebrar (vt)	сындыруу	sındıruu
quejarse (vr)	арыздануу	arızdanuu
querer (amar)	сүйүү	syjyy
querer (desear)	каалоо	kaaloo

16. Los verbos más importantes. Unidad 4

recomendar (vt)	сунуштоо	sunuʃtoo
regañar, reprender (vt)	урушуу	uruʃuu
reírse (vr)	күлүү	kylyy
repetir (vt)	кайталоо	kajtaloo

reservar (~ una mesa)	камдык буйрутмалоо	kamdık bujrutmaloo
responder (vi, vt)	жооп берүү	dʒoop beryy
robar (vt)	уурдоо	uurdoo
saber (~ algo mas)	билүү	bilyy
salir (vi)	чыгуу	tʃıguu
salvar (vt)	куткаруу	kutkaruu
seguir ...	... ээрчүү	... eertʃyy
sentarse (vr)	отуруу	oturuu
ser necesario	керек болуу	kerek boluu
ser, estar (vi)	болуу	boluu
significar (vt)	билдирүү	bildiryy
sonreír (vi)	жылмаюу	dʒılmadʒʉu
sorprenderse (vr)	таң калуу	taŋ kaluu
subestimar (vt)	баалабоо	baalaboo
tener (vt)	бар болуу	bar boluu
tener hambre	ачка болуу	atʃka boluu
tener miedo	жазкануу	dʒazkanuu
tener prisa	шашуу	ʃaʃuu
tener sed	суусап калуу	suusap kaluu
tirar, disparar (vi)	атуу	atuu
tocar (con las manos)	тийүү	tijyy
tomar (vt)	алуу	aluu
tomar nota	кагазга түшүрүү	kagazga tyʃyryy
trabajar (vi)	иштее	iʃtøø
traducir (vt)	которуу	kotoruu
unir (vt)	бириктирүү	biriktiryy
vender (vt)	сатуу	satuu
ver (vt)	көрүү	køryy
volar (pájaro, avión)	учуу	utʃuu

LA HORA. EL CALENDARIO

17. Los días de la semana

lunes (m)	дүйшөмбү	dyjʃømby
martes (m)	шейшемби	ʃejʃembi
miércoles (m)	шаршемби	ʃarʃembi
jueves (m)	бейшемби	bejʃembi
viernes (m)	жума	dʒuma
sábado (m)	ишенби	iʃenbi
domingo (m)	жекшемби	dʒekʃembi
hoy (adv)	бүгүн	bygyn
mañana (adv)	эртең	erteŋ
pasado mañana	бирсүгүнү	birsygyny
ayer (adv)	кечээ	ketʃee
anteayer (adv)	мурда күнү	murda kyny
día (m)	күн	kyn
día (m) de trabajo	иш күнү	iʃ kyny
día (m) de fiesta	майрам күнү	majram kyny
día (m) de descanso	дем алыш күн	dem alɪʃ kyn
fin (m) de semana	дем алыш күндөр	dem alɪʃ kyndør
todo el día	күнү бою	kyny bojʉ
al día siguiente	кийинки күнү	kijinki kyny
dos días atrás	эки күн мурун	eki kyn murun
en vísperas (adv)	жакында	dʒakında
diario (adj)	күндө	kyndø
cada día (adv)	күн сайын	kyn sajın
semana (f)	жума	dʒuma
semana (f) pasada	өткөн жумада	øtkøn dʒumada
semana (f) que viene	келаткан жумада	kelatkan dʒumada
semanal (adj)	жума сайын	dʒuma sajın
cada semana (adv)	жума сайын	dʒuma sajın
2 veces por semana	жумасына эки жолу	dʒumasına eki dʒolu
todos los martes	ар шейшемби	ar ʃejʃembi

18. Las horas. El día y la noche

mañana (f)	таң	taŋ
por la mañana	эртең менен	erteŋ menen
mediodía (m)	жарым күн	dʒarım kyn
por la tarde	түштөн кийин	tyʃtøn kijin
noche (f)	кеч	ketʃ
por la noche	кечинде	ketʃinde

noche (f) (p.ej. 2:00 a.m.)	түн	tyn
por la noche	түндө	tyndø
medianoche (f)	жарым түн	dʒarım tyn
segundo (m)	секунда	sekunda
minuto (m)	мүнөт	mynøt
hora (f)	саат	saat
media hora (f)	жарым саат	dʒarım saat
cuarto (m) de hora	чейрек саат	tʃejrek saat
quince minutos	он беш мүнөт	on beʃ mynøt
veinticuatro horas	сутка	sutka
salida (f) del sol	күндүн чыгышы	kyndyn tʃıgıʃı
amanecer (m)	таң агаруу	taŋ agaruu
madrugada (f)	таң эрте	taŋ erte
puesta (f) del sol	күн батуу	kyn batuu
de madrugada	таң эрте	taŋ erte
esta mañana	бүгүн эртең менен	bygyn erteŋ menen
mañana por la mañana	эртең эртең менен	erteŋ erteŋ menen
esta tarde	күндүзү	kyndyzy
por la tarde	түштөн кийин	tyʃtøn kijin
mañana por la tarde	эртең түштөн кийин	erteŋ tyʃtøn kijin
esta noche (p.ej. 8:00 p.m.)	бүгүн кечинде	bygyn ketʃinde
mañana por la noche	эртең кечинде	erteŋ ketʃinde
a las tres en punto	туура саат үчтө	tuura saat ytʃtø
a eso de las cuatro	болжол менен төрт саат	boldʒol menen tørt saat
para las doce	саат он экиде	saat on ekide
dentro de veinte minutos	жыйырма мүнөттөн кийин	dʒıjırma mynøttøn kijin
dentro de una hora	бир сааттан кийин	bir saattan kijin
a tiempo (adv)	өз убагында	øz ubagında
… menos cuarto	… он беш мүнөт калды	… on beʃ mynøt kaldı
durante una hora	бир сааттын ичинде	bir saattın itʃinde
cada quince minutos	он беш мүнөт сайын	on beʃ mynøt sajın
día y noche	бир сутка бою	bir sutka boju

19. Los meses. Las estaciones

enero (m)	январь	janvarʲ
febrero (m)	февраль	fevralʲ
marzo (m)	март	mart
abril (m)	апрель	aprelʲ
mayo (m)	май	maj
junio (m)	июнь	ijʉnʲ
julio (m)	июль	ijʉlʲ
agosto (m)	август	avgust
septiembre (m)	сентябрь	sentʲabrʲ
octubre (m)	октябрь	oktʲabrʲ

25

noviembre (m)	ноябрь	nojabrʲ
diciembre (m)	декабрь	dekabrʲ
primavera (f)	жаз	dʒaz
en primavera	жазында	dʒazında
de primavera (adj)	жазгы	dʒazgı
verano (m)	жай	dʒaj
en verano	жайында	dʒajında
de verano (adj)	жайкы	dʒajkı
otoño (m)	күз	kyz
en otoño	күзүндө	kyzyndø
de otoño (adj)	күздүк	kyzdyk
invierno (m)	кыш	kıʃ
en invierno	кышында	kıʃında
de invierno (adj)	кышкы	kıʃkı
mes (m)	ай	aj
este mes	ушул айда	uʃul ajda
al mes siguiente	кийинки айда	kijinki ajda
el mes pasado	өткөн айда	øtkøn ajda
hace un mes	бир ай мурун	bir aj murun
dentro de un mes	бир айдан кийин	bir ajdan kijin
dentro de dos meses	эки айдан кийин	eki ajdan kijin
todo el mes	ай бою	aj boju
todo un mes	толук бир ай	toluk bir aj
mensual (adj)	ай сайын	aj sajın
mensualmente (adv)	ай сайын	aj sajın
cada mes	ар бир айда	ar bir ajda
dos veces por mes	айына эки жолу	ajına eki dʒolu
año (m)	жыл	dʒıl
este año	бул жылы	bul dʒılı
el próximo año	келаткан жылы	kelatkan dʒılı
el año pasado	өткөн жылы	øtkøn dʒılı
hace un año	бир жыл мурун	bir dʒıl murun
dentro de un año	бир жылдан кийин	bir dʒıldan kijin
dentro de dos años	эки жылдан кийин	eki dʒıldan kijin
todo el año	жыл бою	dʒıl boju
todo un año	толук бир жыл	toluk bir dʒıl
cada año	ар жыл сайын	ar dʒıl sajın
anual (adj)	жыл сайын	dʒıl sajın
anualmente (adv)	жыл сайын	dʒıl sajın
cuatro veces por año	жылына төрт жолу	dʒılına tørt dʒolu
fecha (f) (la ~ de hoy es ...)	число	tʃislo
fecha (f) (~ de entrega)	күн	kyn
calendario (m)	календарь	kalendarʲ
medio año (m)	жарым жыл	dʒarım dʒıl
seis meses	жарым чейрек	dʒarım tʃejrek

| estación (f) | мезгил | mezgil |
| siglo (m) | кылым | kılım |

EL VIAJE. EL HOTEL

20. El viaje. Viajar

turismo (m)	туризм	turizm
turista (m)	турист	turist
viaje (m)	саякат	sajakat
aventura (f)	укмуштуу окуя	ukmuʃtuu okuja
viaje (m)	сапар	sapar
vacaciones (f pl)	дем алыш	dem alıʃ
estar de vacaciones	дем алышка чыгуу	dem alıʃka tʃıguu
descanso (m)	эс алуу	es aluu
tren (m)	поезд	poezd
en tren	поезд менен	poezd menen
avión (m)	учак	utʃak
en avión	учакта	utʃakta
en coche	автомобилде	avtomobilde
en barco	кемеде	kemede
equipaje (m)	жүк	dʒyk
maleta (f)	чемодан	tʃemodan
carrito (m) de equipaje	араба	araba
pasaporte (m)	паспорт	pasport
visado (m)	виза	viza
billete (m)	билет	bilet
billete (m) de avión	авиабилет	aviabilet
guía (f) (libro)	жол көрсөткүч	dʒol kørsøtkytʃ
mapa (m)	карта	karta
área (m) (~ rural)	жай	dʒaj
lugar (m)	жер	dʒer
exotismo (m)	экзотика	ekzotika
exótico (adj)	экзотикалуу	ekzotikaluu
asombroso (adj)	ажайып	adʒajıp
grupo (m)	топ	top
excursión (f)	экскурсия	ekskursija
guía (m) (persona)	экскурсия жетекчиси	ekskursija dʒetektʃisi

21. El hotel

hotel (m), motel (m)	мейманкана	mejmankana
motel (m)	мотель	motelʲ
de tres estrellas	үч жылдыздуу	ytʃ dʒıldızduu

| de cinco estrellas | беш жылдыздуу | beʃ dʒıldızduu |
| hospedarse (vr) | токтоо | toktoo |

habitación (f)	номер	nomer
habitación (f) individual	бир орундуу	bir orunduu
habitación (f) doble	эки орундуу	eki orunduu
reservar una habitación	номерди камдык буйрутмалоо	nomerdi kamdık bujrutmaloo

| media pensión (f) | жарым пансион | dʒarım pansion |
| pensión (f) completa | толук пансион | toluk pansion |

con baño	ваннасы менен	vannası menen
con ducha	душ менен	duʃ menen
televisión (f) satélite	спутник	sputnik
climatizador (m)	аба желдеткич	aba dʒeldetkitʃ
toalla (f)	сүлгү	sylgy
llave (f)	ачкыч	atʃkıtʃ

administrador (m)	администратор	administrator
camarera (f)	үй кызматкери	yj kızmatkeri
maletero (m)	жүк ташуучу	dʒyk taʃuutʃu
portero (m)	эшик ачуучу	eʃik atʃuutʃu

restaurante (m)	ресторан	restoran
bar (m)	бар	bar
desayuno (m)	таңкы тамак	taŋkı tamak
cena (f)	кечки тамак	ketʃki tamak
buffet (m) libre	шведче стол	ʃvedtʃe stol

| vestíbulo (m) | вестибюль | vestibulʲ |
| ascensor (m) | лифт | lift |

| NO MOLESTAR | ТЫНЧЫБЫЗДЫ АЛБАГЫЛА! | tıntʃıbızdı albagıla! |
| PROHIBIDO FUMAR | ТАМЕКИ ЧЕГҮҮГӨ БОЛБОЙТ! | tameki tʃegyygø bolbojt! |

22. La exploración del paisaje

monumento (m)	эстелик	estelik
fortaleza (f)	чеп	tʃep
palacio (m)	сарай	saraj
castillo (m)	сепил	sepil
torre (f)	мунара	munara
mausoleo (m)	күмбөз	kymbøz

arquitectura (f)	архитектура	arχitektura
medieval (adj)	орто кылымдык	orto kılımdık
antiguo (adj)	байыркы	bajırkı
nacional (adj)	улуттук	uluttuk
conocido (adj)	таанымал	taanımal
turista (m)	турист	turist
guía (m) (persona)	гид	gid

excursión (f)	экскурсия	ekskursija
mostrar (vt)	көрсөтүү	kørsøtyy
contar (una historia)	айтып берүү	ajtıp beryy
encontrar (hallar)	табуу	tabuu
perderse (vr)	адашып кетүү	adaʃıp ketyy
plano (m) (~ de metro)	схема	sχema
mapa (m) (~ de la ciudad)	план	plan
recuerdo (m)	асембелек	asembelek
tienda (f) de regalos	асембелек дүкөнү	asembelek dykøny
hacer fotos	сүрөткө тартуу	syrøtkø tartuu
fotografiarse (vr)	сүрөткө түшүү	syrøtkø tyʃyy

EL TRANSPORTE

23. El aeropuerto

aeropuerto (m)	аэропорт	aeroport
avión (m)	учак	uʧak
compañía (f) aérea	авиакомпания	aviakompanija
controlador (m) aéreo	авиадиспетчер	aviadispetʧer
despegue (m)	учуп кетүү	uʧup ketyy
llegada (f)	учуп келүү	uʧup kelyy
llegar (en avión)	учуп келүү	uʧup kelyy
hora (f) de salida	учуп кетүү убактысы	uʧup ketyy ubaktısı
hora (f) de llegada	учуп келүү убактысы	uʧup kelyy ubaktısı
retrasarse (vr)	кармалуу	karmaluu
retraso (m) de vuelo	учуп кетүүнүн кечигиши	uʧup ketyynyn ketʃigiʃi
pantalla (f) de información	маалымат таблосу	maalımat tablosu
información (f)	маалымат	maalımat
anunciar (vt)	кулактандыруу	kulaktandıruu
vuelo (m)	рейс	rejs
aduana (f)	бажыкана	badʒıkana
aduanero (m)	бажы кызматкери	badʒı kızmatkeri
declaración (f) de aduana	бажы декларациясы	badʒı deklaratsijası
rellenar (vt)	толтуруу	tolturuu
rellenar la declaración	декларация толтуруу	deklaratsija tolturuu
control (m) de pasaportes	паспорт текшерүү	pasport tekʃeryy
equipaje (m)	жүк	dʒyk
equipaje (m) de mano	кол жүгү	kol dʒygy
carrito (m) de equipaje	араба	araba
aterrizaje (m)	конуу	konuu
pista (f) de aterrizaje	конуу тилкеси	konuu tilkesi
aterrizar (vi)	конуу	konuu
escaleras (f pl) (de avión)	трап	trap
facturación (f) (check-in)	кAтталуУ	kattaluu
mostrador (m) de facturación	каттоо стойкасы	kattoo stojkası
hacer el check-in	катталуу	kattaluu
tarjeta (f) de embarque	отуруу үчүн талон	oturuu yʧyn talon
puerta (f) de embarque	чыгуу	ʧıguu
tránsito (m)	транзит	tranzit
esperar (aguardar)	күтүү	kytyy
zona (f) de preembarque	күтүү залы	kutyy zalı

| despedir (vt) | узатуу | uzatuu |
| despedirse (vr) | коштошуу | koʃtoʃuu |

24. El avión

avión (m)	учак	utʃak
billete (m) de avión	авиабилет	aviabilet
compañía (f) aérea	авиакомпания	aviakompanija
aeropuerto (m)	аэропорт	aeroport
supersónico (adj)	сверхзвуковой	sverχzvukovoj

comandante (m)	кеме командири	keme komandiri
tripulación (f)	экипаж	ekipadʒ
piloto (m)	учкуч	utʃkutʃ
azafata (f)	стюардесса	stʉardessa
navegador (m)	штурман	ʃturman

alas (f pl)	канаттар	kanattar
cola (f)	куйрук	kujruk
cabina (f)	кабина	kabina
motor (m)	кыймылдаткыч	kɪjmɪldatkɪtʃ
tren (m) de aterrizaje	шасси	ʃassi
turbina (f)	турбина	turbina
hélice (f)	пропеллер	propeller
caja (f) negra	кара куту	kara kutu
timón (m)	штурвал	ʃturval
combustible (m)	күйүүчү май	kyjyytʃy may

instructivo (m) de seguridad	коопсуздук көрсөтмөсү	koopsuzduk kørsøtmøsy
respirador (m) de oxígeno	кислород чүмбөтү	kislorod tʃymbøty
uniforme (m)	бир беткей кийим	bir betkey kijim
chaleco (m) salvavidas	куткаруучу күрмө	kutkaruutʃu kyrmø
paracaídas (m)	парашют	paraʃʉt
despegue (m)	учуп көтөрүлүү	utʃup køtørylyy
despegar (vi)	учуп көтөрүлүү	utʃup køtørylyy
pista (f) de despegue	учуп чыгуу тилкеси	utʃup tʃɪguu tilkesi

visibilidad (f)	көрүнүш	kørynyʃ
vuelo (m)	учуу	utʃuu
altura (f)	бийиктик	bijiktik
pozo (m) de aire	аба чүңкуру	aba tʃyŋkuru

asiento (m)	орун	orun
auriculares (m pl)	кулакчын	kulaktʃin
mesita (f) plegable	бүктөлмө стол	byktølmø stol
ventana (f)	иллюминатор	illʉminator
pasillo (m)	өтмөк	øtmøk

25. El tren

| tren (m) | поезд | poezd |
| tren (m) eléctrico | электричка | elektritʃka |

tren (m) rápido	бат журүүчү поезд	bat dӡyryytʃy poezd
locomotora (f) diésel	тепловоз	teplovoz
tren (m) de vapor	паровоз	parovoz

| coche (m) | вагон | vagon |
| coche (m) restaurante | вагон-ресторан | vagon-restoran |

rieles (m pl)	рельсалар	rel'salar
ferrocarril (m)	темир жолу	temir dӡolu
traviesa (f)	шпала	ʃpala

plataforma (f)	платформа	platforma
vía (f)	жол	dӡol
semáforo (m)	семафор	semafor
estación (f)	бекет	beket
maquinista (m)	машинист	maʃinist
maletero (m)	жук ташуучу	dӡuk taʃuutʃu
mozo (m) del vagón	проводник	provodnik
pasajero (m)	жүргүнчү	dӡyrgyntʃy
revisor (m)	текшерүүчү	tekʃeryytʃy

| corredor (m) | коридор | koridor |
| freno (m) de urgencia | стоп-кран | stop-kran |

compartimiento (m)	купе	kupe
litera (f)	текче	tektʃe
litera (f) de arriba	үстүңкү текче	ystyŋky tektʃe
litera (f) de abajo	ылдыйкы текче	ıldıjkı tektʃe
ropa (f) de cama	жууркан-төшөк	dӡuurkan-tøʃøk
billete (m)	билет	bilet
horario (m)	ырааттама	ıraattama
pantalla (f) de información	табло	tablo

partir (vi)	жөнөө	dӡønøø
partida (f) (del tren)	жөнөө	dӡønøø
llegar (tren)	келүү	kelyy
llegada (f)	келүү	kelyy

llegar en tren	поезд менен келүү	poezd menen kelyy
tomar el tren	поездге отуруу	poezdge oturuu
bajar del tren	поездден түшүү	poezdden tyʃyy

| descarrilamiento (m) | кыйроо | kıjroo |
| descarrilarse (vr) | рельсадан чыгып кетүү | rel'sadan tʃıgıp ketyy |

tren (m) de vapor	паровоз	parovoz
fogonero (m)	от жагуучу	ot dӡaguutʃu
hogar (m)	меш	meʃ
carbón (m)	көмүр	kømyr

26. El barco

| buque (m) | кеме | keme |
| navío (m) | кеме | keme |

buque (m) de vapor	пароход	paroχod
motonave (m)	теплоход	teploχod
trasatlántico (m)	лайнер	lajner
crucero (m)	крейсер	krejser

yate (m)	яхта	jaχta
remolcador (m)	буксир	buksir
barcaza (f)	баржа	barʤa
ferry (m)	паром	parom

velero (m)	парус	parus
bergantín (m)	бригантина	brigantina

rompehielos (m)	муз жаргыч кеме	muz ʤargıʧ keme
submarino (m)	суу астында жүрүүчү кеме	suu astında ʤyryyʧy keme

bote (m) de remo	кайык	kajık
bote (m)	шлюпка	ʃlʉpka
bote (m) salvavidas	куткаруу шлюпкасы	kutkaruu ʃlʉpkası
lancha (f) motora	катер	kater

capitán (m)	капитан	kapitan
marinero (m)	матрос	matros
marino (m)	деңизчи	deŋizʧi
tripulación (f)	экипаж	ekipaʤ

contramaestre (m)	боцман	boʦman
grumete (m)	юнга	jʉnga
cocinero (m) de abordo	кок	kok
médico (m) del buque	кеме доктуру	keme dokturu

cubierta (f)	палуба	paluba
mástil (m)	мачта	maʧta
vela (f)	парус	parus

bodega (f)	трюм	trʉm
proa (f)	тумшук	tumʃuk
popa (f)	кеменин арткы бөлүгү	kemenin artkı bølygy
remo (m)	калак	kalak
hélice (f)	винт	vint

camarote (m)	каюта	kajʉta
sala (f) de oficiales	кают-компания	kajʉt-kompanija
sala (f) de máquinas	машина бөлүгү	maʃina bølygy
puente (m) de mando	капитан мостиги	kapitan mostigi
sala (f) de radio	радиорубка	radiorubka
onda (f)	толкун	tolkun
cuaderno (m) de bitácora	кеме журналы	keme ʤurnalı

anteojo (m)	дүрбү	dyrby
campana (f)	коңгуроо	koŋguroo
bandera (f)	байрак	bajrak

cabo (m) (maroma)	аркан	arkan
nudo (m)	түйүн	tyjyn

pasamano (m)	туткуч	tutkutʃ
pasarela (f)	трап	trap

ancla (f)	кеме казык	keme kazık
levar ancla	кеме казыкты көтөрүү	keme kazıktı køtøryy
echar ancla	кеме казыкты таштоо	keme kazıktı taʃtoo
cadena (f) del ancla	казык чынжыры	kazık ʧɪndʒɪrɪ

puerto (m)	порт	port
embarcadero (m)	причал	pritʃal
amarrar (vt)	келип токтоо	kelip toktoo
desamarrar (vt)	жээктен алыстоо	dʒeekten alıstoo

viaje (m)	саякат	sajakat
crucero (m) (viaje)	деңиз саякаты	deŋiz sajakatı
derrota (f) (rumbo)	курс	kurs
itinerario (m)	каттам	kattam

canal (m) navegable	фарватер	farvater
bajío (m)	тайыз жер	tajız dʒer
encallar (vi)	тайыз жерге отуруу	tajız dʒerge oturuu

tempestad (f)	бороон чапкын	boroon tʃapkın
señal (f)	сигнал	signal
hundirse (vr)	чөгүү	tʃøgyy
¡Hombre al agua!	Сууда адам бар!	suuda adam bar!
SOS	SOS	sos
aro (m) salvavidas	куткаруучу тегерек	kutkaruutʃu tegerek

LA CIUDAD

27. El transporte urbano

autobús (m)	автобус	avtobus
tranvía (m)	трамвай	tramvaj
trolebús (m)	троллейбус	trollejbus
itinerario (m)	каттам	kattam
número (m)	номер	nomer
ir en ...	... жүрүү	... dʒyryy
tomar (~ el autobús)	... отуруу	... oturuu
bajar (~ del tren)	... түшүп калуу	... tyʃyp kaluu
parada (f)	аялдама	ajaldama
próxima parada (f)	кийинки аялдама	kijinki ajaldama
parada (f) final	акыркы аялдама	akırkı ajaldama
horario (m)	ырааттама	ıraattama
esperar (aguardar)	күтүү	kytyy
billete (m)	билет	bilet
precio (m) del billete	билеттин баасы	bilettin baası
cajero (m)	кассир	kassir
control (m) de billetes	текшерүү	tekʃeryy
cobrador (m)	текшерүүчү	tekʃeryytʃy
llegar tarde (vi)	кечигүү	ketʃigyy
perder (~ el tren)	кечигип калуу	ketʃigip kaluu
tener prisa	шашуу	ʃaʃuu
taxi (m)	такси	taksi
taxista (m)	такси айдоочу	taksi ajdootʃu
en taxi	таксиде	takside
parada (f) de taxi	такси токтоочу жай	taksi toktootʃu dʒaj
llamar un taxi	такси чакыруу	taksi tʃakıruu
tomar un taxi	такси кармоо	taksi karmoo
tráfico (m)	көчө кыймылы	køtʃø kıjmılı
atasco (m)	тыгын	tıgın
horas (f pl) de punta	кызуу маал	kızuu maal
aparcar (vi)	токтотуу	toktotuu
aparcar (vt)	машинаны жайлаштыруу	maʃinanı dʒajlaʃtıruu
aparcamiento (m)	унаа токтоочу жай	unaa toktootʃu dʒaj
metro (m)	метро	metro
estación (f)	бекет	beket
ir en el metro	метродо жүрүү	metrodo dʒyryy
tren (m)	поезд	poezd
estación (f)	вокзал	vokzal

28. La ciudad. La vida en la ciudad

ciudad (f)	шаар	ʃaar
capital (f)	борбор	borbor
aldea (f)	кыштак	kıʃtak
plano (m) de la ciudad	шаардын планы	ʃaardın planı
centro (m) de la ciudad	шаардын борбору	ʃaardın borboru
suburbio (m)	шаардын чет жакасы	ʃaardın ʧet dʒakası
suburbano (adj)	шаардын чет жакасындагы	ʃaardın ʧet dʒakasındagı
arrabal (m)	чет-жака	ʧet-dʒaka
afueras (f pl)	чет-жака	ʧet-dʒaka
barrio (m)	квартал	kvartal
zona (f) de viviendas	турак-жай кварталы	turak-dʒaj kvartalı
tráfico (m)	көчө кыймылы	køʧø kıjmılı
semáforo (m)	светофор	svetofor
transporte (m) urbano	шаар транспорту	ʃaar transportu
cruce (m)	кесилиш	kesiliʃ
paso (m) de peatones	жөө жүрүүчүлөр жолу	dʒøø dʒyryyʧylør dʒolu
paso (m) subterráneo	жер астындагы жол	dʒer astındagı dʒol
cruzar (vt)	жолду өтүү	dʒoldu øtyy
peatón (m)	жөө жүрүүчү	dʒøø dʒyryyʧy
acera (f)	жанжол	dʒandʒol
puente (m)	көпүрө	køpyrø
muelle (m)	жээк жол	dʒeek dʒol
fuente (f)	фонтан	fontan
alameda (f)	аллея	alleja
parque (m)	сейил багы	sejil bagı
bulevar (m)	бульвар	bulʲvar
plaza (f)	аянт	ajant
avenida (f)	проспект	prospekt
calle (f)	көчө	køʧø
callejón (m)	чолок көчө	ʧolok køʧø
callejón (m) sin salida	туюк көчө	tujɥk køʧø
casa (f)	үй	yj
edificio (m)	имарат	imarat
rascacielos (m)	көк тиреген көп кабаттуу үй	køk tiregen køp kabattuu yj
fachada (f)	үйдүн алды	yjdyn aldı
techo (m)	чатыр	ʧatır
ventana (f)	терезе	tereze
arco (m)	түркүк	tyrkyk
columna (f)	мамы	mamı
esquina (f)	бурч	burʧ
escaparate (f)	көрсөтмө айнек үкөк	kørsøtmø ajnek ykøk
letrero (m) (~ luminoso)	көрнөк	kørnøk

cartel (m)	афиша	afiʃa
cartel (m) publicitario	көрнөк-жарнак	kørnøk-dʒarnak
valla (f) publicitaria	жарнамалык такта	dʒarnamalık takta

basura (f)	таштанды	taʃtandı
cajón (m) de basura	таштанды челек	taʃtandı tʃelek
tirar basura	таштоо	taʃtoo
basurero (m)	таштанды үйүлгөн жер	taʃtandı yjylgøn dʒer

cabina (f) telefónica	телефон будкасы	telefon budkası
farola (f)	чырак мамы	tʃırak mamı
banco (m) (del parque)	отургуч	oturgutʃ

policía (m)	полиция кызматкери	politsija kızmatkeri
policía (f) (~ nacional)	полиция	politsija
mendigo (m)	кайырчы	kajırtʃı
persona (f) sin hogar	селсаяк	selsajak

29. Las instituciones urbanas

tienda (f)	дүкөн	dykøn
farmacia (f)	дарыкана	darıkana
óptica (f)	оптика	optika
centro (m) comercial	соода борбору	sooda borboru
supermercado (m)	супермаркет	supermarket

panadería (f)	нан дүкөнү	nan dykøny
panadero (m)	навайчы	navajtʃı
pastelería (f)	кондитердик дүкөн	konditerdik dykøn
tienda (f) de comestibles	азык-түлүк	azık-tylyk
carnicería (f)	эт дүкөнү	et dykøny

verdulería (f)	жашылча дүкөнү	dʒaʃıltʃa dykøny
mercado (m)	базар	bazar

cafetería (f)	кофекана	kofekana
restaurante (m)	ресторан	restoran
cervecería (f)	сыракана	sırakana
pizzería (f)	пиццерия	pitserija

peluquería (f)	чач тарач	tʃatʃ taratʃ
oficina (f) de correos	почта	potʃta
tintorería (f)	химиялык тазалоо	ximijalık tazaloo
estudio (m) fotográfico	фотоателье	fotoatelje

zapatería (f)	бут кийим дүкөнү	but kijim dykøny
librería (f)	китеп дүкөнү	kitep dykøny
tienda (f) deportiva	спорт буюмдар дүкөнү	sport bujumdar dykøny

arreglos (m pl) de ropa	кийим ондоочу жай	kijim ondootʃu dʒaj
alquiler (m) de ropa	кийимди ижарага берүү	kijimdi idʒaraga beryy
videoclub (m)	тасмаларды ижарага берүү	tasmalardı idʒaraga beryy
circo (m)	цирк	tsırk

zoo (m)	зоопарк	zoopark
cine (m)	кинотеатр	kinoteatr
museo (m)	музей	muzej
biblioteca (f)	китепкана	kitepkana

teatro (m)	театр	teatr
ópera (f)	опера	opera
club (m) nocturno	түнкү клуб	tynky klub
casino (m)	казино	kazino

mezquita (f)	мечит	metʃit
sinagoga (f)	синагога	sinagoga
catedral (f)	чоң чиркөө	tʃoŋ tʃirkøø
templo (m)	ибадаткана	ibadatkana
iglesia (f)	чиркөө	tʃirkøø

instituto (m)	коллеж	kolledʒ
universidad (f)	университет	universitet
escuela (f)	мектеп	mektep

prefectura (f)	префектура	prefektura
alcaldía (f)	мэрия	merija
hotel (m)	мейманкана	mejmankana
banco (m)	банк	bank

embajada (f)	элчилик	eltʃilik
agencia (f) de viajes	турагенттиги	turagenttigi
oficina (f) de información	маалымат бюросу	maalımat bɯrosu
oficina (f) de cambio	алмаштыруу пункту	almaʃtıruu punktu

| metro (m) | метро | metro |
| hospital (m) | оорукана | oorukana |

| gasolinera (f) | май куюучу станция | maj kujɯutʃu stantsija |
| aparcamiento (m) | унаа токтоочу жай | unaa toktootʃu dʒaj |

30. Los avisos

letrero (m) (~ luminoso)	көрнөк	kørnøk
cartel (m) (texto escrito)	жазуу	dʒazuu
pancarta (f)	көрнөк	kørnøk
signo (m) de dirección	көрсөткүч	kørsøtkytʃ
flecha (f) (signo)	жебе	dʒebe

advertencia (f)	экертме	ekertme
aviso (m)	эскертүү белгиси	eskertyy belgisi
advertir (vt)	эскертүү	eskertyy

día (m) de descanso	дем алыш күн	dem alıʃ kyn
horario (m)	ырааттама	ıraattama
horario (m) de apertura	иш сааттары	iʃ saattarı

| ¡BIENVENIDOS! | КОШ КЕЛИҢИЗДЕР! | koʃ keliŋizder! |
| ENTRADA | КИРҮҮ | kiryy |

SALIDA	ЧЫГУУ	tʃıguu
EMPUJAR	ӨЗҮҢҮЗДӨН ТҮРТҮҢҮЗ	øzyŋyzdøn tyrtyŋyz
TIRAR	ӨЗҮҢҮЗГӨ ТАРТЫҢЫЗ	øzyŋyzgø tartıŋız
ABIERTO	АЧЫК	atʃık
CERRADO	ЖАБЫК	dʒabık

| MUJERES | АЙЫМДАР ҮЧҮН | ajımdar ytʃyn |
| HOMBRES | ЭРКЕКТЕР ҮЧҮН | erkekter ytʃyn |

REBAJAS	АРЗАНДАТУУЛАР	arzandatuular
SALDOS	САТЫП ТҮГӨТҮҮ	satıp tygøtyy
NOVEDAD	СААМАЛЫК!	saamalık!
GRATIS	БЕКЕР	beker

¡ATENCIÓN!	КӨҢҮЛ БУРУҢУЗ!	køŋyl buruŋuz!
COMPLETO	ОРУН ЖОК	orun dʒok
RESERVADO	КАМДЫК БУЙРУТМАЛАГАН	kamdık bujrutmalagan

| ADMINISTRACIÓN | АДМИНИСТРАЦИЯ | administratsija |
| SÓLO PERSONAL AUTORIZADO | ЖААМАТ ҮЧҮН ГАНА | dʒaamat ytʃyn gana |

CUIDADO CON EL PERRO	КАБАНААК ИТ	kabanaak it
PROHIBIDO FUMAR	ТАМЕКИ ЧЕГҮҮГӨ БОЛБОЙТ!	tameki tʃegyygø bolbojt!
NO TOCAR	КОЛУҢАР МЕНЕН КАРМАБАГЫЛА!	koluŋar menen karmabagıla!

PELIGROSO	КООПТУУ	kooptuu
PELIGRO	КОРКУНУЧ	korkunutʃ
ALTA TENSIÓN	ЖОГОРКУ ЧЫҢАЛУУ	dʒogorku tʃıŋaluu
PROHIBIDO BAÑARSE	СУУГА ТҮШҮҮГӨ БОЛБОЙТ	suuga tyʃyygø bolbojt
NO FUNCIONA	ИШТЕБЕЙТ	iʃtebejt

INFLAMABLE	ӨРТ ЧЫГУУ КОРКУНУЧУ	ørt tʃıguu korkunutʃu
PROHIBIDO	ТЫЮУ САЛЫНГАН	tijuu salıngan
PROHIBIDO EL PASO	ӨТҮҮГӨ БОЛБОЙТ	øtyygø bolbojt
RECIÉN PINTADO	СЫРДАЛГАН	sırdalgan

31. Las compras

comprar (vt)	сатып алуу	satıp aluu
compra (f)	сатып алуу	satıp aluu
hacer compras	сатып алууга чыгуу	satıp aluuga tʃıguu
compras (f pl)	базарчылоо	bazartʃıloo

| estar abierto (tienda) | иштөө | iʃtøø |
| estar cerrado | жабылуу | dʒabıluu |

calzado (m)	бут кийим	but kijim
ropa (f), vestido (m)	кийим-кече	kijim-ketʃe
cosméticos (m pl)	упа-эндик	upa-endik

productos alimenticios	азык-түлүк	azık-tylyk
regalo (m)	белек	belek

vendedor (m)	сатуучу	satuutʃu
vendedora (f)	сатуучу кыз	satuutʃu kız

caja (f)	касса	kassa
espejo (m)	күзгү	kyzgy
mostrador (m)	прилавок	prilavok
probador (m)	кийим ченөөчү бөлмө	kijim tʃenøøtʃy bølmø

probar (un vestido)	кийим ченөө	kijim tʃenøø
quedar (una ropa, etc.)	ылайык келүү	ılajık kelyy
gustar (vi)	жактыруу	dʒaktıruu

precio (m)	баа	baa
etiqueta (f) de precio	баа	baa
costar (vt)	туруу	turuu
¿Cuánto?	Канча?	kantʃa?
descuento (m)	арзандатуу	arzandatuu

no costoso (adj)	кымбат эмес	kımbat emes
barato (adj)	арзан	arzan
caro (adj)	кымбат	kımbat
Es caro	Бул кымбат	bul kımbat

alquiler (m)	ижара	idʒara
alquilar (vt)	ижарага алуу	idʒaraga aluu
crédito (m)	насыя	nasıja
a crédito (adv)	насыяга алуу	nasıjaga aluu

LA ROPA Y LOS ACCESORIOS

32. La ropa exterior. Los abrigos

ropa (f), vestido (m)	кийим	kijim
ropa (f) de calle	үстүнкү кийим	ystyŋky kijim
ropa (f) de invierno	кышкы кийим	kıʃkı kijim
abrigo (m)	пальто	palʲto
abrigo (m) de piel	тон	ton
abrigo (m) corto de piel	чолок тон	tʃolok ton
plumón (m)	мамык олпок	mamık olpok
cazadora (f)	күрмө	kyrmø
impermeable (m)	плащ	plaʃtʃ
impermeable (adj)	суу өткүс	suu øtkys

33. Ropa de hombre y mujer

camisa (f)	көйнөк	køjnøk
pantalones (m pl)	шым	ʃım
jeans, vaqueros (m pl)	джинсы	dʒinsı
chaqueta (f), saco (m)	бешмант	beʃmant
traje (m)	костюм	kostɯm
vestido (m)	көйнөк	køjnøk
falda (f)	юбка	jɯbka
blusa (f)	блузка	bluzka
rebeca (f), chaqueta (f) de punto	кофта	kofta
chaqueta (f)	кыска бешмант	kıska beʃmant
camiseta (f) (T-shirt)	футболка	futbolka
shorts (m pl)	чолок шым	tʃolok ʃım
traje (m) deportivo	спорт кийими	sport kijimi
bata (f) de baño	халат	χalat
pijama (f)	пижама	pidʒama
jersey (m), suéter (m)	свитер	sviter
pulóver (m)	пуловер	pulover
chaleco (m)	жилет	dʒilet
frac (m)	фрак	frak
esmoquin (m)	смокинг	smoking
uniforme (m)	форма	forma
ropa (f) de trabajo	жумуш кийим	dʒumuʃ kijim
mono (m)	комбинезон	kombinezon
bata (f) (p. ej. ~ blanca)	халат	χalat

34. La ropa. La ropa interior

ropa (f) interior	ич кийим	iʧ kijim
bóxer (m)	эркектер чолок дамбалы	erkekter ʧolok dambalı
bragas (f pl)	аялдар трусиги	ajaldar trusigi
camiseta (f) interior	майка	majka
calcetines (m pl)	байпак	bajpak
camisón (m)	жатаарда кийүүчү көйнөк	ʤataarda kijyyʧy køjnøk
sostén (m)	бюстгальтер	bustgalʲter
calcetines (m pl) altos	гольфы	golʲfı
pantimedias (f pl)	колготки	kolgotki
medias (f pl)	байпак	bajpak
traje (m) de baño	купальник	kupalʲnik

35. Gorras

gorro (m)	топу	topu
sombrero (m) de fieltro	шляпа	ʃlʲapa
gorra (f) de béisbol	бейсболка	bejsbolka
gorra (f) plana	кепка	kepka
boina (f)	берет	beret
capuchón (m)	капюшон	kapuʃon
panamá (m)	панамка	panamka
gorro (m) de punto	токулган шапка	tokulgan ʃapka
pañuelo (m)	жоолук	ʤooluk
sombrero (m) de mujer	шляпа	ʃlʲapa
casco (m) (~ protector)	каска	kaska
gorro (m) de campaña	пилотка	pilotka
casco (m) (~ de moto)	шлем	ʃlem
bombín (m)	котелок	kotelok
sombrero (m) de copa	цилиндр	tsılindr

36. El calzado

calzado (m)	бут кийим	but kijim
botas (f pl)	ботинка	botinka
zapatos (m pl) (~ de tacón bajo)	туфли	tufli
botas (f pl) altas	өтүк	øtyk
zapatillas (f pl)	тапочка	tapoʧka
tenis (m pl)	кроссовка	krossovka
zapatillas (f pl) de lona	кеды	kedı
sandalias (f pl)	сандалии	sandalii
zapatero (m)	өтүкчү	øtykʧy
tacón (m)	така	taka

par (m)	түгей	tygøj
cordón (m)	боо	boo
encordonar (vt)	боолоо	booloo
calzador (m)	кашык	kaʃɪk
betún (m)	өтүк май	øtyk maj

37. Accesorios personales

guantes (m pl)	колкап	kolkap
manoplas (f pl)	мээлей	meelej
bufanda (f)	моюн орогуч	mojʉn orogutʃ

gafas (f pl)	көз айнек	køz ajnek
montura (f)	алкак	alkak
paraguas (m)	чатырча	tʃatɪrtʃa
bastón (m)	аса таяк	asa tajak
cepillo (m) de pelo	тарак	tarak
abanico (m)	желпингич	dʒelpingitʃ

corbata (f)	галстук	galstuk
pajarita (f)	галстук-бабочка	galstuk-babotʃka
tirantes (m pl)	шым тарткыч	ʃɪm tartkɪtʃ
moquero (m)	бетаарчы	betaartʃɪ

peine (m)	тарак	tarak
pasador (m) de pelo	чачсайгы	tʃatʃsajgɪ
horquilla (f)	шпилька	ʃpilʲka
hebilla (f)	таралга	taralga

| cinturón (m) | кайыш кур | kajɪʃ kur |
| correa (f) (de bolso) | илгич | ilgitʃ |

bolsa (f)	колбаштык	kolbaʃtɪk
bolso (m)	кичине колбаштык	kitʃine kolbaʃtɪk
mochila (f)	жонбаштык	dʒonbaʃtɪk

38. La ropa. Miscelánea

moda (f)	мода	moda
de moda (adj)	саркеч	sarketʃ
diseñador (m) de moda	модельер	modeljer

cuello (m)	жака	dʒaka
bolsillo (m)	чөнтөк	tʃøntøk
de bolsillo (adj)	чөнтөк	tʃøntøk
manga (f)	жең	dʒeŋ
presilla (f)	илгич	ilgitʃ
bragueta (f)	ширинка	ʃirinka

cremallera (f)	молния	molnija
cierre (m)	топчулук	toptʃuluk
botón (m)	топчу	toptʃu

ojal (m)	илмек	ilmek
saltar (un botón)	үзүлүү	yzylyy

coser (vi, vt)	тигүү	tigyy
bordar (vt)	сайма саюу	sajma sajɥu
bordado (m)	сайма	sajma
aguja (f)	ийне	ijne
hilo (m)	жип	dʒip
costura (f)	тигиш	tigiʃ

ensuciarse (vr)	булгап алуу	bulgap aluu
mancha (f)	так	tak
arrugarse (vr)	бырышып калуу	bɪrɪʃɪp kaluu
rasgar (vt)	айрылуу	ajrɪluu
polilla (f)	күбө	kybø

39. Productos personales. Cosméticos

pasta (f) de dientes	тиш пастасы	tiʃ pastasɪ
cepillo (m) de dientes	тиш щёткасы	tiʃ ʃtʃotkasɪ
limpiarse los dientes	тиш жуу	tiʃ dʒuu

maquinilla (f) de afeitar	устара	ustara
crema (f) de afeitar	кырынуу үчүн көбүк	kɪrɪnuu ytʃyn købyk
afeitarse (vr)	кырынуу	kɪrɪnuu

jabón (m)	самын	samɪn
champú (m)	шампунь	ʃampunʲ

tijeras (f pl)	кайчы	kajtʃɪ
lima (f) de uñas	тырмак өгөө	tɪrmak øgøø
cortaúñas (m pl)	тырмак кычкачы	tɪrmak kɪtʃkatʃɪ
pinzas (f pl)	искек	iskek

cosméticos (m pl)	упа-эндик	upa-endik
mascarilla (f)	маска	maska
manicura (f)	маникюр	manikɥr
hacer la manicura	маникюр жасоо	manikdʒɥr dʒasoo
pedicura (f)	педикюр	pedikɥr

neceser (m) de maquillaje	косметичка	kosmetitʃka
polvos (m pl)	упа	upa
polvera (f)	упа кутусу	upa kutusu
colorete (m), rubor (m)	эндик	endik

perfume (m)	атыр	atɪr
agua (f) perfumada	туалет атыр суусу	tualet atɪr suusu
loción (f)	лосьон	losʲon
agua (f) de colonia	одеколон	odekolon

sombra (f) de ojos	көз боёгу	køz bojogu
lápiz (m) de ojos	көз карандашы	køz karandaʃɪ
rímel (m)	кирпик үчүн боек	kirpik ytʃyn boek
pintalabios (m)	эрин помадасы	erin pomadasɪ

esmalte (m) de uñas	тырмак үчүн лак	tırmak ytʃyn lak
fijador (m) (para el pelo)	чач үчүн лак	tʃatʃ ytʃyn lak
desodorante (m)	дезодорант	dezodorant

crema (f)	крем	krem
crema (f) de belleza	бетмай	betmaj
crema (f) de manos	кол үчүн май	kol ytʃyn maj
crema (f) antiarrugas	бырыштарга каршы бет май	bırıʃtarga karʃı bet maj
crema (f) de día	күндүзгү бет май	kyndyzgy bet maj
crema (f) de noche	түнкү бет май	tynky bet maj
de día (adj)	күндүзгү	kyndyzgy
de noche (adj)	түнкү	tynky

tampón (m)	тампон	tampon
papel (m) higiénico	даарат кагазы	daarat kagazı
secador (m) de pelo	фен	fen

40. Los relojes

reloj (m)	кол саат	kol saat
esfera (f)	циферблат	tsiferblat
aguja (f)	жебе	dʒebe
pulsera (f)	браслет	braslet
correa (f) (del reloj)	кайыш кур	kajıʃ kur

pila (f)	батарейка	batarejka
descargarse (vr)	зарядканын түгөнүүсү	zar'adkanın tygønyysy
cambiar la pila	батарейка алмаштыруу	batarejka almaʃtıruu
adelantarse (vr)	алдыга кетүү	aldıga ketyy
retrasarse (vr)	калуу	kaluu

reloj (m) de pared	дубалга тагуучу саат	dubalga taguutʃu saat
reloj (m) de arena	кум саат	kum saat
reloj (m) de sol	күн саат	kyn saat
despertador (m)	ойготкуч саат	ojgotkutʃ saat
relojero (m)	саат устасы	saat ustası
reparar (vt)	оңдоо	oŋdoo

LA EXPERIENCIA DIARIA

41. El dinero

dinero (m)	акча	aktʃa
cambio (m)	алмаштыруу	almaʃtıruu
curso (m)	курс	kurs
cajero (m) automático	банкомат	bankomat
moneda (f)	тыйын	tıjın
dólar (m)	доллар	dollar
euro (m)	евро	evro
lira (f)	италиялык лира	italijalık lira
marco (m) alemán	немис маркасы	nemis markası
franco (m)	франк	frank
libra esterlina (f)	фунт стерлинг	funt sterling
yen (m)	йена	jena
deuda (f)	карыз	karız
deudor (m)	карыздар	karızdar
prestar (vt)	карызга берүү	karızga beryy
tomar prestado	карызга алуу	karızga aluu
banco (m)	банк	bank
cuenta (f)	эсеп	esep
ingresar (~ en la cuenta)	салуу	saluu
ingresar en la cuenta	эсепке акча салуу	esepke aktʃa saluu
sacar de la cuenta	эсептен акча чыгаруу	esepten aktʃa tʃıgaruu
tarjeta (f) de crédito	насыя картасы	nasıja kartası
dinero (m) en efectivo	нактайлай акча	naktalaj aktʃa
cheque (m)	чек	tʃek
sacar un cheque	чек жазып берүү	tʃek dʒazıp beryy
talonario (m)	чек китепчеси	tʃek kiteptʃesi
cartera (f)	намыян	namıjan
monedero (m)	капчык	kaptʃık
caja (f) fuerte	сейф	sejf
heredero (m)	мураскер	murasker
herencia (f)	мурас	muras
fortuna (f)	мүлк	mylk
arriendo (m)	ижара	idʒara
alquiler (m) (dinero)	батир акысы	batir akısı
alquilar (~ una casa)	батирге алуу	batirge aluu
precio (m)	баа	baa
coste (m)	баа	baa

suma (f)	сумма	summa
gastar (vt)	коротуу	korotuu
gastos (m pl)	чыгым	tʃɯgɯm
economizar (vi, vt)	үнөмдөө	ynømdøø
económico (adj)	сарамжал	saramdʒal

pagar (vi, vt)	төлөө	tøløø
pago (m)	акы төлөө	akɯ tøløø
cambio (m) (devolver el ~)	кайтарылган майда акча	kajtarɯlgan majda aktʃa

impuesto (m)	салык	salɯk
multa (f)	айып	ajɯp
multar (vt)	айып пул салуу	ajɯp pul saluu

42. La oficina de correos

oficina (f) de correos	почта	potʃta
correo (m) (cartas, etc.)	почта	potʃta
cartero (m)	кат ташуучу	kat taʃuutʃu
horario (m) de apertura	иш сааттары	iʃ saattarɯ

carta (f)	кат	kat
carta (f) certificada	тапшырык кат	tapʃɯrɯk kat
tarjeta (f) postal	открытка	otkrɯtka
telegrama (m)	телеграмма	telegramma
paquete (m) postal	посылка	posɯlka
giro (m) postal	акча которуу	aktʃa kotoruu

recibir (vt)	алуу	aluu
enviar (vt)	жөнөтүү	dʒønøtyy
envío (m)	жөнөтүү	dʒønøtyy
dirección (f)	дарек	darek
código (m) postal	индекс	indeks
expedidor (m)	жөнөтүүчү	dʒønøtyytʃy
destinatario (m)	алуучу	aluutʃu

nombre (m)	аты	atɯ
apellido (m)	фамилиясы	familijasɯ
tarifa (f)	тариф	tarif
ordinario (adj)	жөнөкөй	dʒønøkøj
económico (adj)	үнөмдүү	ynømdyy

peso (m)	салмак	salmak
pesar (~ una carta)	таразалоо	tarazaloo
sobre (m)	конверт	konvert
sello (m)	марка	marka
poner un sello	марка жабыштыруу	marka dʒabɯʃtɯruu

43. La banca

| banco (m) | банк | bank |
| sucursal (f) | бөлүм | bølym |

| asesor (m) (~ fiscal) | кеңешчи | keŋeʃʧi |
| gerente (m) | башкаруучу | baʃkaruuʧu |

cuenta (f)	эсеп	esep
numero (m) de la cuenta	эсеп номери	esep nomeri
cuenta (f) corriente	учурдагы эсеп	uʧurdagı esep
cuenta (f) de ahorros	топтолмо эсеп	toptolmo esep

abrir una cuenta	эсеп ачуу	esep aʧuu
cerrar la cuenta	эсеп жабуу	esep ʤabuu
ingresar en la cuenta	эсепке акча салуу	esepke akʧa saluu
sacar de la cuenta	эсептен акча чыгаруу	esepten akʧa ʧıgaruu

depósito (m)	аманат	amanat
hacer un depósito	аманат кылуу	amanat kıluu
giro (m) bancario	акча которуу	akʧa kotoruu
hacer un giro	акча которуу	akʧa kotoruu

| suma (f) | сумма | summa |
| ¿Cuánto? | Канча? | kanʧa? |

| firma (f) (nombre) | кол тамга | kol tamga |
| firmar (vt) | кол коюу | kol kojɵu |

tarjeta (f) de crédito	насыя картасы	nasıja kartası
código (m)	код	kod
número (m) de tarjeta de crédito	насыя картанын номери	nasıja kartanın nomeri
cajero (m) automático	банкомат	bankomat

cheque (m)	чек	ʧek
sacar un cheque	чек жазып берүү	ʧek ʤazıp beryy
talonario (m)	чек китепчеси	ʧek kiteptʃesi

crédito (m)	насыя	nasıja
pedir el crédito	насыя үчүн кайрылуу	nasıja yʧyn kajrıluu
obtener un crédito	насыя алуу	nasıja aluu
conceder un crédito	насыя берүү	nasıja beryy
garantía (f)	кепилдик	kepildik

44. El teléfono. Las conversaciones telefónicas

teléfono (m)	телефон	telefon
teléfono (m) móvil	мобилдик	mobildik
contestador (m)	автоматтык жооп берүүчү	avtomattık ʤoop beryyʧy

| llamar, telefonear | чалуу | ʧaluu |
| llamada (f) | чакыруу | ʧakıruu |

marcar un número	номер терүү	nomer teryy
¿Sí?, ¿Dígame?	Алло!	allo!
preguntar (vt)	суроо	suroo
responder (vi, vt)	жооп берүү	ʤoop beryy
oír (vt)	угуу	uguu

bien (adv)	жакшы	dʒakʃı
mal (adv)	жаман	dʒaman
ruidos (m pl)	ызы-чуу	ızı-tʃuu

auricular (m)	трубка	trubka
descolgar (el teléfono)	трубканы алуу	trubkanı aluu
colgar el auricular	трубканы коюу	trubkanı kojʉu

ocupado (adj)	бош эмес	boʃ emes
sonar (teléfono)	шыңгыроо	ʃıŋgıroo
guía (f) de teléfonos	телефондук китепче	telefonduk kiteptʃe

local (adj)	жергиликтүү	dʒergiliktyy
llamada (f) local	жергиликтүү чакыруу	dʒergiliktyy tʃakıruu
de larga distancia	шаар аралык	ʃaar aralık
llamada (f) de larga distancia	шаар аралык чакыруу	ʃaar aralık tʃakıruu
internacional (adj)	эл аралык	el aralık
llamada (f) internacional	эл аралык чакыруу	el aralık tʃakıruu

45. El teléfono celular

teléfono (m) móvil	мобилдик	mobildik
pantalla (f)	дисплей	displej
botón (m)	баскыч	baskıtʃ
tarjeta SIM (f)	SIM-карта	sim-karta

pila (f)	батарея	batareja
descargarse (vr)	зарядканын түгөнүүсү	zarʲadkanın tygønyysy
cargador (m)	заряддоочу шайман	zarʲaddootʃu ʃajman

menú (m)	меню	menʉ
preferencias (f pl)	орнотуулар	ornotuular
melodía (f)	обон	obon
seleccionar (vt)	тандоо	tandoo

calculadora (f)	калькулятор	kalʲkulʲator
contestador (m)	автоматтык жооп бергич	avtomattık dʒoop bergitʃ
despertador (m)	ойготкуч	ojgotkutʃ
contactos (m pl)	байланыштар	bajlanıʃtar

| mensaje (m) de texto | SMS-кабар | esemes-kabar |
| abonado (m) | абонент | abonent |

46. Los artículos de escritorio

| bolígrafo (m) | калем сап | kalem sap |
| pluma (f) estilográfica | калем уч | kalem utʃ |

lápiz (f)	карандаш	karandaʃ
marcador (m)	маркер	marker
rotulador (m)	фломастер	flomaster
bloc (m) de notas	дептерче	deptertʃe

agenda (f)	күндөлүк	kyndølyk
regla (f)	сызгыч	sızgıtʃ
calculadora (f)	калькулятор	kalʲkulʲator
goma (f) de borrar	өчүргүч	øtʃyrgytʃ
chincheta (f)	кнопка	knopka
clip (m)	кыскыч	kıskıtʃ

pegamento (m)	желим	dʒelim
grapadora (f)	степлер	stepler
perforador (m)	тешкич	teʃkitʃ
sacapuntas (m)	учтагыч	utʃtagıtʃ

47. Los idiomas extranjeros

lengua (f)	тил	til
extranjero (adj)	чет	tʃet
lengua (f) extranjera	чет тил	tʃet til
estudiar (vt)	окуу	okuu
aprender (ingles, etc.)	үйрөнүү	yjrønyy

leer (vi, vt)	окуу	okuu
hablar (vi, vt)	сүйлөө	syjløø
comprender (vt)	түшүнүү	tyʃynyy
escribir (vt)	жазуу	dʒazuu

rápidamente (adv)	тез	tez
lentamente (adv)	жай	dʒaj
con fluidez (adv)	эркин	erkin

reglas (f pl)	эрежелер	eredʒeler
gramática (f)	грамматика	grammatika
vocabulario (m)	лексика	leksika
fonética (f)	фонетика	fonetika

manual (m)	китеп	kitep
diccionario (m)	сөздүк	søzdyk
manual (m) autodidáctico	өзу үйрөткүч	øzy yjrøtkytʃ
guía (f) de conversación	тилачар	tilatʃar

casete (m)	кассета	kasseta
videocasete (f)	видеокассета	videokasseta
CD (m)	CD, компакт-диск	sidi, kompakt-disk
DVD (m)	DVD-диск	dividi-disk

alfabeto (m)	алфавит	alfavit
deletrear (vt)	эжелеп айтуу	edʒelep ajtuu
pronunciación (f)	айтылышы	ajtılıʃı

acento (m)	акцент	aktsent
con acento	акцент менен	aktsent menen
sin acento	акцентсиз	aktsentsiz

palabra (f)	сөз	søz
significado (m)	маани	maani

cursos (m pl)	курстар	kurstar
inscribirse (vr)	курска жазылуу	kurska ʤazıluu
profesor (m) (~ de inglés)	окутуучу	okutuuʧu
traducción (f) (proceso)	которуу	kotoruu
traducción (f) (texto)	кортмо	kotormo
traductor (m)	которомочу	kotormoʧu
intérprete (m)	оозеки кортмочу	oozeki kotormoʧu
políglota (m)	полиглот	poliglot
memoria (f)	эс тутум	es tutum

LAS COMIDAS. EL RESTAURANTE

48. Los cubiertos

cuchara (f)	кашык	kaʃık
cuchillo (m)	бычак	bıtʃak
tenedor (m)	вилка	vilka
taza (f)	чөйчөк	tʃøjtʃøk
plato (m)	табак	tabak
platillo (m)	табак	tabak
servilleta (f)	майлык	majlık
mondadientes (m)	тиш чукугуч	tiʃ tʃukugutʃ

49. El restaurante

restaurante (m)	ресторан	restoran
cafetería (f)	кофекана	kofekana
bar (m)	бар	bar
salón (m) de té	чай салону	tʃaj salonu
camarero (m)	официант	ofitsiant
camarera (f)	официант кыз	ofitsiant kız
barman (m)	бармен	barmen
carta (f), menú (m)	меню	menʉ
carta (f) de vinos	шарап картасы	ʃarap kartası
reservar una mesa	столду камдык буйрутмалоо	stoldu kamdık bujrutmaloo
plato (m)	тамак	tamak
pedir (vt)	буйрутма кылуу	bujrutma kıluu
hacer el pedido	буйрутма берүү	bujrutma beryy
aperitivo (m)	аперитив	aperitiv
entremés (m)	ысылык	ısılık
postre (m)	десерт	desert
cuenta (f)	эсеп	esep
pagar la cuenta	эсеп төлөө	esep tøløø
dar la vuelta	майда акчаны кайтаруу	majda aktʃanı kajtaruu
propina (f)	чайпул	tʃajpul

50. Las comidas

comida (f)	тамак	tamak
comer (vi, vt)	тамактануу	tamaktanuu

desayuno (m)	таңкы тамак	taŋkı tamak
desayunar (vi)	эртең менен тамактануу	erteŋ menen tamaktanuu
almuerzo (m)	түшкү тамак	tyʃky tamak
almorzar (vi)	түштөнүү	tyʃtønyy
cena (f)	кечки тамак	ketʃki tamak
cenar (vi)	кечки тамакты ичүү	ketʃki tamaktı itʃyy

| apetito (m) | табит | tabit |
| ¡Que aproveche! | Тамагыңыз таттуу болсун! | tamagıŋız tattuu bolsun! |

abrir (vt)	ачуу	atʃuu
derramar (líquido)	төгүп алуу	tøgyp aluu
derramarse (líquido)	төгүлүү	tøgylyy

hervir (vi)	кайноо	kajnoo
hervir (vt)	кайнатуу	kajnatuu
hervido (agua ~a)	кайнатылган	kajnatılgan
enfriar (vt)	суутуу	suutuu
enfriarse (vr)	сууп туруу	suup turuu

| sabor (m) | даам | daam |
| regusto (m) | даамдануу | daamdanuu |

adelgazar (vi)	арыктоо	arıktoo
dieta (f)	мүнөз тамак	mynøz tamak
vitamina (f)	витамин	vitamin
caloría (f)	калория	kalorija
vegetariano (m)	эттен чанган	etten tʃangan
vegetariano (adj)	этсиз даярдалган	etsiz dajardalgan

grasas (f pl)	майлар	majlar
proteínas (f pl)	белоктор	beloktor
carbohidratos (m pl)	көмүрсуулар	kømyrsuular

loncha (f)	кесим	kesim
pedazo (m)	бөлүк	bølyk
miga (f)	күкүм	kykym

51. Los platos al horno

plato (m)	тамак	tamak
cocina (f)	даам	daam
receta (f)	тамак жасоо ыкмасы	tamak dʒasoo ıkması
porción (f)	порция	portsija

| ensalada (f) | салат | salat |
| sopa (f) | сорпо | sorpo |

caldo (m)	ынак сорпо	ınak sorpo
bocadillo (m)	бутерброд	buterbrod
huevos (m pl) fritos	куурулган жумуртка	kuurulgan dʒumurtka
hamburguesa (f)	гамбургер	gamburger
bistec (m)	бифштекс	bifʃteks

guarnición (f)	гарнир	garnir
espagueti (m)	спагетти	spagetti
puré (m) de patatas	эзилген картошка	ezilgen kartoʃka
pizza (f)	пицца	piʦa
gachas (f pl)	ботко	botko
tortilla (f) francesa	омлет	omlet
cocido en agua (adj)	сууга бышырылган	suuga bıʃırılgan
ahumado (adj)	ышталган	ıʃtalgan
frito (adj)	куурулган	kuurulgan
seco (adj)	кургатылган	kurgatılgan
congelado (adj)	тоңдурулган	toŋdurulgan
marinado (adj)	маринаддагы	marinaddagı
azucarado (adj)	таттуу	tattuu
salado (adj)	туздуу	tuzduu
frío (adj)	муздак	muzdak
caliente (adj)	ысык	ısık
amargo (adj)	ачуу	atʃuu
sabroso (adj)	даамдуу	daamduu
cocer en agua	кайнатуу	kajnatuu
preparar (la cena)	тамак бышыруу	tamak bıʃıruu
freír (vt)	кууруу	kuuruu
calentar (vt)	жылытуу	dʒılıtuu
salar (vt)	туздоо	tuzdoo
poner pimienta	калемпир кошуу	kalempir koʃuu
rallar (vt)	сүргүлөө	syrgyløø
piel (f)	сырты	sırtı
pelar (vt)	тазалоо	tazaloo

52. La comida

carne (f)	эт	et
gallina (f)	тоок	took
pollo (m)	балапан	balapan
pato (m)	өрдөк	ørdøk
ganso (m)	каз	kaz
caza (f) menor	илбээсин	ilbeesin
pava (f)	күрп	kyrp
carne (f) de cerdo	чочко эти	tʃotʃko eti
carne (f) de ternera	торпок эти	torpok eti
carne (f) de carnero	кой эти	koj eti
carne (f) de vaca	уй эти	uj eti
conejo (m)	коен	koen
salchichón (m)	колбаса	kolbasa
salchicha (f)	сосиска	sosiska
beicon (m)	бекон	bekon
jamón (m)	ветчина	vettʃina
jamón (m) fresco	сан эт	san et
paté (m)	паштет	paʃtet

hígado (m)	боор	boor
carne (f) picada	фарш	farʃ
lengua (f)	тил	til
huevo (m)	жумуртка	ʤumurtka
huevos (m pl)	жумурткалар	ʤumurtkalar
clara (f)	жумуртканын агы	ʤumurtkanın agı
yema (f)	жумуртканын сарысы	ʤumurtkanın sarısı
pescado (m)	балык	balık
mariscos (m pl)	деңиз азыктары	deŋiz azıktarı
crustáceos (m pl)	рак сыяктуулар	rak sıjaktuular
caviar (m)	урук	uruk
cangrejo (m) de mar	краб	krab
camarón (m)	креветка	krevetka
ostra (f)	устрица	ustritsa
langosta (f)	лангуст	langust
pulpo (m)	сегиз бут	segiz but
calamar (m)	кальмар	kalʲmar
esturión (m)	осетрина	osetrina
salmón (m)	лосось	lososʲ
fletán (m)	палтус	paltus
bacalao (m)	треска	treska
caballa (f)	скумбрия	skumbrija
atún (m)	тунец	tunets
anguila (f)	угорь	ugorʲ
trucha (f)	форель	forelʲ
sardina (f)	сардина	sardina
lucio (m)	чортон	tʃorton
arenque (m)	сельдь	selʲdʲ
pan (m)	нан	nan
queso (m)	сыр	sır
azúcar (m)	кум шекер	kum-ʃeker
sal (f)	туз	tuz
arroz (m)	күрүч	kyrytʃ
macarrones (m pl)	макарон	makaron
tallarines (m pl)	кесме	kesme
mantequilla (f)	ак май	ak maj
aceite (m) vegetal	өсүмдүк майы	øsymdyk majı
aceite (m) de girasol	күн карама майы	kyn karama majı
margarina (f)	маргарин	margarin
olivas (f pl)	зайтун	zajtun
aceite (m) de oliva	зайтун майы	zajtun majı
leche (f)	сүт	syt
leche (f) condensada	коютулган сүт	kojᵾtulgan syt
yogur (m)	йогурт	jogurt
nata (f) agria	сметана	smetana

nata (f) líquida	каймак	kajmak
mayonesa (f)	майонез	majonez
crema (f) de mantequilla	крем	krem
cereal molido grueso	акшак	akʃak
harina (f)	ун	un
conservas (f pl)	консерва	konserva
copos (m pl) de maíz	жарылган жүгөрү	dʒarılgan dʒygøry
miel (f)	бал	bal
confitura (f)	джем, конфитюр	dʒem, konfitʉr
chicle (m)	сагыз	sagız

53. Las bebidas

agua (f)	суу	suu
agua (f) potable	ичүүчү суу	itʃyytʃy suu
agua (f) mineral	минерал суусу	mineral suusu
sin gas	газсыз	gazsız
gaseoso (adj)	газдалган	gazdalgan
con gas	газы менен	gazı menen
hielo (m)	муз	muz
con hielo	музу менен	muzu menen
sin alcohol	алкоголсуз	alkogolsuz
bebida (f) sin alcohol	алкоголсуз ичимдик	alkogolsuz itʃimdik
refresco (m)	суусундук	suusunduk
limonada (f)	лимонад	limonad
bebidas (f pl) alcohólicas	спирт ичимдиктери	spirt itʃimdikteri
vino (m)	шарап	ʃarap
vino (m) blanco	ак шарап	ak ʃarap
vino (m) tinto	кызыл шарап	kızıl ʃarap
licor (m)	ликёр	likʲor
champaña (f)	шампан	ʃampan
vermú (m)	вермут	vermut
whisky (m)	виски	viski
vodka (m)	арак	arak
ginebra (f)	джин	dʒin
coñac (m)	коньяк	konjak
ron (m)	ром	rom
café (m)	кофе	kofe
café (m) solo	кара кофе	kara kofe
café (m) con leche	сүттөлгөн кофе	syttølgøn kofe
capuchino (m)	капучино	kaputʃino
café (m) soluble	эрүүчү кофе	eryytʃy kofe
leche (f)	сүт	syt
cóctel (m)	коктейль	koktejlʲ
batido (m)	сүт коктейли	syt koktejli

zumo (m), jugo (m)	шире	ʃire
jugo (m) de tomate	томат ширеси	tomat ʃiresi
zumo (m) de naranja	апельсин ширеси	apel'sin ʃiresi
zumo (m) fresco	түз сыгылып алынган шире	tyz sıgılıp alıngan ʃire

cerveza (f)	сыра	sıra
cerveza (f) rubia	ачык сыра	atʃık sıra
cerveza (f) negra	коңур сыра	koŋur sıra

té (m)	чай	tʃaj
té (m) negro	кара чай	kara tʃaj
té (m) verde	жашыл чай	dʒaʃıl tʃaj

54. Las verduras

legumbres (f pl)	жашылча	dʒaʃıltʃa
verduras (f pl)	көк чөп	køk tʃøp

tomate (m)	помидор	pomidor
pepino (m)	бадыраң	badıraŋ
zanahoria (f)	сабиз	sabiz
patata (f)	картошка	kartoʃka
cebolla (f)	пияз	pijaz
ajo (m)	сарымсак	sarımsak

col (f)	капуста	kapusta
coliflor (f)	гүлдүү капуста	gyldyy kapusta
col (f) de Bruselas	брюссель капустасы	brʉssel' kapustası
brócoli (m)	брокколи капустасы	brokkoli kapustası

remolacha (f)	кызылча	kızıltʃa
berenjena (f)	баклажан	bakladʒan
calabacín (m)	кабачок	kabatʃok
calabaza (f)	ашкабак	aʃkabak
nabo (m)	шалгам	ʃalgam

perejil (m)	петрушка	petruʃka
eneldo (m)	укроп	ukrop
lechuga (f)	салат	salat
apio (m)	сельдерей	sel'derej

espárrago (m)	спаржа	spardʒa
espinaca (f)	шпинат	ʃpinat

guisante (m)	нокот	nokot
habas (f pl)	буурчак	buurtʃak

maíz (m)	жүгөрү	dʒygøry
fréjol (m)	төө буурчак	tøø buurtʃak

pimentón (m)	таттуу перец	tattuu perets
rábano (m)	шалгам	ʃalgam
alcachofa (f)	артишок	artiʃok

55. Las frutas. Las nueces

fruto (m)	мөмө	mømø
manzana (f)	алма	alma
pera (f)	алмурут	almurut
limón (m)	лимон	limon
naranja (f)	апельсин	apelʲsin
fresa (f)	кулпунай	kulpunaj
mandarina (f)	мандарин	mandarin
ciruela (f)	кара өрүк	kara øryk
melocotón (m)	шабдаалы	ʃabdaalı
albaricoque (m)	өрүк	øryk
frambuesa (f)	дан куурай	dan kuuraj
ananás (m)	ананас	ananas
banana (f)	банан	banan
sandía (f)	арбуз	arbuz
uva (f)	жүзүм	dʒyzym
guinda (f)	алча	alʧa
cereza (f)	гилас	gilas
melón (m)	коон	koon
pomelo (m)	грейпфрут	grejpfrut
aguacate (m)	авокадо	avokado
papaya (m)	папайя	papaja
mango (m)	манго	mango
granada (f)	анар	anar
grosella (f) roja	кызыл карагат	kızıl karagat
grosella (f) negra	кара карагат	kara karagat
grosella (f) espinosa	крыжовник	krıdʒovnik
arándano (m)	кара моюл	kara mojʉl
zarzamoras (f pl)	кара бүлдүркөн	kara byldyrkøn
pasas (f pl)	мейиз	mejiz
higo (m)	анжир	andʒir
dátil (m)	курма	kurma
cacahuete (m)	арахис	araxis
almendra (f)	бадам	badam
nuez (f)	жаңгак	dʒaŋgak
avellana (f)	токой жаңгагы	tokoj dʒaŋgagı
nuez (f) de coco	кокос жаңгагы	kokos dʒaŋgagı
pistachos (m pl)	мисте	miste

56. El pan. Los dulces

pasteles (m pl)	кондитер азыктары	konditer azıktarı
pan (m)	нан	nan
galletas (f pl)	печенье	petʃenje
chocolate (m)	шоколад	ʃokolad
de chocolate (adj)	шоколаддан	ʃokoladdan

caramelo (m)	конфета	konfeta
tarta (f) (pequeña)	пирожное	pirodʒnoe
tarta (f) (~ de cumpleaños)	торт	tort

| pastel (m) (~ de manzana) | пирог | pirog |
| relleno (m) | начинка | natʃinka |

confitura (f)	кыям	kıjam
mermelada (f)	мармелад	marmelad
gofre (m)	вафли	vafli
helado (m)	бал муздак	bal muzdak
pudín (f)	пудинг	puding

57. Las especias

sal (f)	туз	tuz
salado (adj)	туздуу	tuzduu
salar (vt)	туздоо	tuzdoo

pimienta (f) negra	кара мурч	kara murtʃ
pimienta (f) roja	кызыл калемпир	kızıl kalempir
mostaza (f)	горчица	gortʃitsa
rábano (m) picante	хрен	χren

condimento (m)	татымал	tatımal
especia (f)	татымал	tatımal
salsa (f)	соус	sous
vinagre (m)	уксус	uksus

anís (m)	анис	anis
albahaca (f)	райхон	rajχon
clavo (m)	гвоздика	gvozdika
jengibre (m)	имбирь	imbiri
cilantro (m)	кориандр	koriandr
canela (f)	корица	koritsa

sésamo (m)	кунжут	kundʒut
hoja (f) de laurel	лавр жалбырагы	lavr dʒalbıragı
paprika (f)	паприка	paprika
comino (m)	зира	zira
azafrán (m)	заапаран	zaaparan

LA INFORMACIÓN PERSONAL. LA FAMILIA

58. La información personal. Los formularios

nombre (m)	аты	atı
apellido (m)	фамилиясы	familijası
fecha (f) de nacimiento	төрөлгөн күнү	tørølgøn kyny
lugar (m) de nacimiento	туулган жери	tuulgan dʒeri
nacionalidad (f)	улуту	ulutu
domicilio (m)	жашаган жери	dʒaʃagan dʒeri
país (m)	өлкө	ølkø
profesión (f)	кесиби	kesibi
sexo (m)	жынысы	dʒınısı
estatura (f)	бою	bojư
peso (m)	салмак	salmak

59. Los familiares. Los parientes

madre (f)	эне	ene
padre (m)	ата	ata
hijo (m)	уул	uul
hija (f)	кыз	kız
hija (f) menor	кичүү кыз	kitʃyy kız
hijo (m) menor	кичүү уул	kitʃyy uul
hija (f) mayor	улуу кыз	uluu kız
hijo (m) mayor	улуу уул	uluu uul
hermano (m)	бир тууган	bir tuugan
hermano (m) mayor	байке	bajke
hermano (m) menor	ини	ini
hermana (f)	бир тууган	bir tuugan
hermana (f) mayor	эже	edʒe
hermana (f) menor	синди	siŋdi
primo (m)	атасы же энеси бир тууган	atası dʒe enesi bir tuugan
prima (f)	атасы же энеси бир тууган	atası dʒe enesi bir tuugan
mamá (f)	апа	apa
papá (m)	ата	ata
padres (m pl)	ата-эне	ata-ene
niño -a (m, f)	бала	bala
niños (m pl)	балдар	baldar
abuela (f)	чоң апа	tʃoŋ apa

abuelo (m)	чоӊ ата	t͡ʃoŋ ata
nieto (m)	небере бала	nebere bala
nieta (f)	небере кыз	nebere kɯz
nietos (m pl)	небepeлep	nebereler
tío (m)	таяке	tajake
tía (f)	таяже	tajad͡ʒe
sobrino (m)	ини	ini
sobrina (f)	жээн	d͡ʒeen
suegra (f)	кайын эне	kajɯn ene
suegro (m)	кайын ата	kajɯn ata
yerno (m)	күйөө бала	kyjøø bala
madrastra (f)	өгөй эне	øgøj ene
padrastro (m)	өгөй ата	øgøj ata
niño (m) de pecho	эмчектеги бала	emt͡ʃektegi bala
bebé (m)	ымыркай	ɯmɯrkaj
chico (m)	бөбөк	bøbøk
mujer (f)	аял	ajal
marido (m)	эр	er
esposo (m)	күйөө	kyjøø
esposa (f)	зайып	zajɯp
casado (adj)	аялы бар	ajalɯ bar
casada (adj)	күйөөдө	kyjøødø
soltero (adj)	бойдок	bojdok
soltero (m)	бойдок	bojdok
divorciado (adj)	ажырашкан	ad͡ʒɯraʃkan
viuda (f)	жесир	d͡ʒesir
viudo (m)	жесир	d͡ʒesir
pariente (m)	тууган	tuugan
pariente (m) cercano	жакын тууган	d͡ʒakɯn tuugan
pariente (m) lejano	алыс тууган	alɯs tuugan
parientes (m pl)	бир тууган	bir tuugan
huérfano (m), huérfana (f)	жетим	d͡ʒetim
tutor (m)	камкорчу	kamkort͡ʃu
adoptar (un niño)	уул кылып асырап алуу	uul kɯlɯp asɯrap aluu
adoptar (una niña)	кыз кылып асырап алуу	kɯz kɯlɯp asɯrap aluu

60. Los amigos. Los compañeros del trabajo

amigo (m)	дос	dos
amiga (f)	курбу	kurbu
amistad (f)	достук	dostuk
ser amigo	достошуу	dostoʃuu
amigote (m)	шерик	ʃerik
amiguete (f)	шерик кыз	ʃerik kɯz
compañero (m)	өнөктөш	ønøktøʃ
jefe (m)	башчы	baʃt͡ʃɯ

superior (m)	башчы	baʃtʃı
propietario (m)	кожоюн	kodʒodʒɵn
subordinado (m)	кол астындагы	kol astındagı
colega (m, f)	кесиптеш	kesipteʃ

conocido (m)	тааныш	taanıʃ
compañero (m) de viaje	жолдош	dʒoldoʃ
condiscípulo (m)	классташ	klasstaʃ

vecino (m)	кошуна	koʃuna
vecina (f)	кошуна	koʃuna
vecinos (m pl)	кошуналар	koʃunalar

EL CUERPO. LA MEDICINA

61. La cabeza

cabeza (f)	баш	baʃ
cara (f)	бет	bet
nariz (f)	мурун	murun
boca (f)	ооз	ooz
ojo (m)	көз	køz
ojos (m pl)	көздөр	køzdør
pupila (f)	карек	karek
ceja (f)	каш	kaʃ
pestaña (f)	кирпик	kirpik
párpado (m)	кабак	kabak
lengua (f)	тил	til
diente (m)	тиш	tiʃ
labios (m pl)	эриндер	erinder
pómulos (m pl)	бет сөөгү	bet søøgy
encía (f)	тиш эти	tiʃ eti
paladar (m)	таңдай	taŋdaj
ventanas (f pl)	мурун тешиги	murun teʃigi
mentón (m)	ээк	eek
mandíbula (f)	жаак	dʒaak
mejilla (f)	бет	bet
frente (f)	чеке	tʃeke
sien (f)	чыкый	tʃıkıj
oreja (f)	кулак	kulak
nuca (f)	желке	dʒelke
cuello (m)	моюн	mojʉn
garganta (f)	тамак	tamak
pelo, cabello (m)	чач	tʃatʃ
peinado (m)	чач жасоо	tʃatʃ dʒasoo
corte (m) de pelo	чач кыркуу	tʃatʃ kırkuu
peluca (f)	парик	parik
bigote (m)	мурут	murut
barba (f)	сакал	sakal
tener (~ la barba)	мурут коюу	murut kojʉu
trenza (f)	өрүм чач	ørym tʃatʃ
patillas (f pl)	бакенбарда	bakenbarda
pelirrojo (adj)	сары	sarı
gris, canoso (adj)	ак чачтуу	ak tʃatʃtuu
calvo (adj)	таз	taz
calva (f)	кашка	kaʃka

cola (f) de caballo	куйрук	kujruk
flequillo (m)	көкүл	køkyl

62. El cuerpo

mano (f)	беш манжа	beʃ mandʒa
brazo (m)	кол	kol

dedo (m)	манжа	mandʒa
dedo (m) del pie	манжа	mandʒa
dedo (m) pulgar	бармак	barmak
dedo (m) meñique	чыпалак	tʃɪpalak
uña (f)	тырмак	tɪrmak

puño (m)	муштум	muʃtum
palma (f)	алакан	alakan
muñeca (f)	билек	bilek
antebrazo (m)	каруу	karuu
codo (m)	чыканак	tʃɪkanak
hombro (m)	ийин	ijin

pierna (f)	бут	but
planta (f)	таман	taman
rodilla (f)	тизе	tize
pantorrilla (f)	балтыр	baltɪr
cadera (f)	сан	san
talón (m)	согончок	sogontʃok

cuerpo (m)	дене	dene
vientre (m)	курсак	kursak
pecho (m)	төш	tøʃ
seno (m)	эмчек	emtʃek
lado (m), costado (m)	каптал	kaptal
espalda (f)	арка жон	arka dʒon
zona (f) lumbar	бел	bel
cintura (f), talle (m)	бел	bel

ombligo (m)	киндик	kindik
nalgas (f pl)	жамбаш	dʒambaʃ
trasero (m)	көчүк	køtʃyk

lunar (m)	мең	meŋ
marca (f) de nacimiento	кал	kal
tatuaje (m)	татуировка	tatuirovka
cicatriz (f)	тырык	tɪrɪk

63. Las enfermedades

enfermedad (f)	оору	ooru
estar enfermo	ооруу	ooruu
salud (f)	ден-соолук	den-sooluk
resfriado (m) (coriza)	мурдунан суу агуу	murdunan suu aguu

angina (f)	ангина	angina
resfriado (m)	суук тийүү	suuk tijyy
resfriarse (vr)	суук тийгизип алуу	suuk tijgizip aluu
bronquitis (f)	бронхит	bronχit
pulmonía (f)	кабыргадан сезгенүү	kabırgadan sezgenyy
gripe (f)	сасык тумоо	sasık tumoo
miope (adj)	алыстан көрө албоо	alıstan kørø alboo
présbita (adj)	жакындан көрө албоо	dʒakından kørø alboo
estrabismo (m)	кылый көздүүлук	kılıj køzdyylyk
estrábico (m) (adj)	кылый көздүүлук	kılıj køzdyylyk
catarata (f)	челкөз	tʃelkøz
glaucoma (f)	глаукома	glaukoma
insulto (m)	мээге кан куюлуу	meege kan kujɰluu
ataque (m) cardiaco	инфаркт	infarkt
infarto (m) de miocardio	инфаркт миокарда	infarkt miokarda
parálisis (f)	шал	ʃal
paralizar (vt)	шал болуу	ʃal boluu
alergia (f)	аллергия	allergija
asma (f)	астма	astma
diabetes (m)	диабет	diabet
dolor (m) de muelas	тиш оорусу	tiʃ oorusu
caries (f)	кариес	karies
diarrea (f)	ич өткү	itʃ øtky
estreñimiento (m)	ич катуу	itʃ katuu
molestia (f) estomacal	ич бузулгандык	itʃ buzulgandık
envenenamiento (m)	уулануу	uulanuu
envenenarse (vr)	уулануу	uulanuu
artritis (f)	артрит	artrit
raquitismo (m)	итий	itij
reumatismo (m)	кызыл жүгүрүк	kızıl dʒygyryk
ateroesclerosis (f)	атеросклероз	ateroskleroz
gastritis (f)	карын сезгенүүсу	karın sezgenyysu
apendicitis (f)	аппендицит	appenditsit
colecistitis (m)	холецистит	χoletsistit
úlcera (f)	жара	dʒara
sarampión (m)	кызылча	kızıltʃa
rubeola (f)	кызамык	kızamık
ictericia (f)	сарык	sarık
hepatitis (f)	гепатит	gepatit
esquizofrenia (f)	шизофрения	ʃizofrenija
rabia (f) (hidrofobia)	кутурма	kuturma
neurosis (f)	невроз	nevroz
conmoción (m) cerebral	мээнин чайкалышы	meenin tʃajkalıʃı
cáncer (m)	рак	rak
esclerosis (f)	склероз	skleroz

esclerosis (m) múltiple	жайылган склероз	dʒajılgan skleroz
alcoholismo (m)	аракечтик	araketʃtik
alcohólico (m)	аракеч	araketʃ
sífilis (f)	котон жара	koton dʒara
SIDA (f)	СПИД	spid

tumor (m)	шишик	ʃiʃik
maligno (adj)	залалдуу	zalalduu
benigno (adj)	залалсыз	zalalsız

fiebre (f)	безгек	bezgek
malaria (f)	безгек	bezgek
gangrena (f)	кабыз	kabız
mareo (m)	деңиз оорусу	deŋiz oorusu
epilepsia (f)	талма	talma

epidemia (f)	эпидемия	epidemija
tifus (m)	келте	kelte
tuberculosis (f)	кургак учук	kurgak utʃuk
cólera (f)	холера	χolera
peste (f)	кара тумоо	kara tumoo

64. Los síntomas. Los tratamientos. Unidad 1

síntoma (m)	белги	belgi
temperatura (f)	дене табынын көтөрүлүшү	dene tabının køtørylyʃy
fiebre (f)	жогорку температура	dʒogorku temperatura
pulso (m)	тамыр кагышы	tamır kagıʃı

mareo (m) (vértigo)	баш айлануу	baʃ ajlanuu
caliente (adj)	ысык	ısık
escalofrío (m)	чыйрыгуу	tʃıjrıguu
pálido (adj)	купкуу	kupkuu

tos (f)	жөтөл	dʒøtøl
toser (vi)	жөтөлүү	dʒøtølyy
estornudar (vi)	чүчкүрүү	tʃytʃkyryy
desmayo (m)	эси оо	esi oo
desmayarse (vr)	эси ооп жыгылуу	esi oop dʒıgıluu

moradura (f)	көк-ала	køk-ala
chichón (m)	шишик	ʃiʃik
golpearse (vr)	урунуп алуу	urunup aluu
magulladura (f)	көгөртүп алуу	køgørtyp aluu
magullarse (vr)	көгөртүп алуу	køgørtyp aluu

cojear (vi)	аксоо	aksoo
dislocación (f)	муундун чыгып кетүүсү	muundun tʃıgıp ketyysy
dislocar (vt)	чыгарып алуу	tʃıgarıp aluu
fractura (f)	сынуу	sınuu
tener una fractura	сындырып алуу	sındırıp aluu
corte (m) (tajo)	кесилген жер	kesilgen dʒer
cortarse (vr)	кесип алуу	kesip aluu

hemorragia (f)	кан кетүү	kan ketyy
quemadura (f)	күйүк	kyjyk
quemarse (vr)	күйгүзүп алуу	kyjgyzyp aluu

pincharse (el dedo)	саюу	sajʉu
pincharse (vr)	сайып алуу	sajıp aluu
herir (vt)	кокустатып алуу	kokustatıp aluu
herida (f)	кокустатып алуу	kokustatıp aluu
lesión (f) (herida)	жара	dʒara
trauma (m)	жаракат	dʒarakat

delirar (vi)	жөлүү	dʒølyy
tartamudear (vi)	кекечтенүү	keketʃtenyy
insolación (f)	күн өтүү	kyn øtyy

65. Los síntomas. Los tratamientos. Unidad 2

| dolor (m) | оору | ooru |
| astilla (f) | тикен | tiken |

sudor (m)	тер	ter
sudar (vi)	тердөө	terdøø
vómito (m)	кусуу	kusuu
convulsiones (f)	тарамыш карышуусу	taramıʃ karıʃuusu

embarazada (adj)	кош бойлуу	koʃ bojluu
nacer (vi)	төрөлүү	tørølyy
parto (m)	төрөт	tørøt
dar a luz	төрөө	tørøø
aborto (m)	бойдон түшүрүү	bojdon tyʃyryy

respiración (f)	дем алуу	dem aluu
inspiración (f)	дем алуу	dem aluu
espiración (f)	дем чыгаруу	dem tʃıgaruu
espirar (vi)	дем чыгаруу	dem tʃıgaruu
inspirar (vi)	дем алуу	dem aluu

inválido (m)	майып	majıp
mutilado (m)	мунжу	mundʒu
drogadicto (m)	баңги	baŋgi

sordo (adj)	дүлөй	dyløj
mudo (adj)	дудук	duduk
sordomudo (adj)	дудук	duduk

loco (adj)	жин тийген	dʒin tijgen
loco (m)	жинди чалыш	dʒindi tʃalıʃ
loca (f)	жинди чалыш	dʒindi tʃalıʃ
volverse loco	мээси айныган	meesi ajnıgan

gen (m)	ген	gen
inmunidad (f)	иммунитет	immunitet
hereditario (adj)	тукум куучулук	tukum kuutʃuluk
de nacimiento (adj)	тубаса	tubasa

virus (m)	вирус	virus
microbio (m)	микроб	mikrob
bacteria (f)	бактерия	bakterija
infección (f)	жугуштуу илдет	dʒuguʃtuu ildet

66. Los síntomas. Los tratamientos. Unidad 3

hospital (m)	оорукана	oorukana
paciente (m)	бейтап	bejtap

diagnosis (f)	дарт аныктоо	dart anıktoo
cura (f)	дарылоо	darıloo
tratamiento (m)	дарылоо	darıloo
curarse (vr)	дарылануу	darılanuu
tratar (vt)	дарылоо	darıloo
cuidar (a un enfermo)	кароо	karoo
cuidados (m pl)	кароо	karoo

operación (f)	операция	operatsija
vendar (vt)	жараны таңуу	dʒaranı taŋuu
vendaje (m)	таңуу	taŋuu

vacunación (f)	эмдөө	emdøø
vacunar (vt)	эмдөө	emdøø
inyección (f)	ийне салуу	ijne saluu
aplicar una inyección	ийне сайдыруу	ijne sajdıruu

ataque (m)	оору кармап калуу	ooru karmap kaluu
amputación (f)	кесүү	kesyy
amputar (vt)	кесип таштоо	kesip taʃtoo
coma (m)	кома	koma
estar en coma	комада болуу	komada boluu
revitalización (f)	реанимация	reanimatsija

recuperarse (vr)	сакаюу	sakajʉu
estado (m) (de salud)	абал	abal
consciencia (f)	эсинде	esinde
memoria (f)	эс тутум	es tutum

extraer (un diente)	тишти жулуу	tiʃti dʒuluu
empaste (m)	пломба	plomba
empastar (vt)	пломба салуу	plomba saluu

hipnosis (f)	гипноз	gipnoz
hipnotizar (vt)	гипноз кылуу	gipnoz kıluu

67. La medicina. Las drogas. Los accesorios

medicamento (m), droga (f)	дары-дармек	darı-darmek
remedio (m)	дары	darı
prescribir (vt)	жазып берүү	dʒazıp beryy
receta (f)	рецепт	retsept

tableta (f)	таблетка	tabletka
ungüento (m)	май	maj
ampolla (f)	ампула	ampula
mixtura (f), mezcla (f)	аралашма	aralaʃma
sirope (m)	сироп	sirop
píldora (f)	пилюля	pilülʲa
polvo (m)	күкүм	kykym
venda (f)	бинт	bint
algodón (m) (discos de ~)	пахта	paχta
yodo (m)	йод	jod
tirita (f), curita (f)	лейкопластырь	lejkoplastırʲ
pipeta (f)	дары тамызгыч	darı tamızgıʧ
termómetro (m)	градусник	gradusnik
jeringa (f)	шприц	ʃprits
silla (f) de ruedas	майып арабасы	majıp arabası
muletas (f pl)	колтук таяк	koltuk tajak
anestésico (m)	оору сездирбөөчү дары	ooru sezdirbøøʧy darı
purgante (m)	ич алдыруучу дары	iʧ aldıruuʧu darı
alcohol (m)	спирт	spirt
hierba (f) medicinal	дары чөптөр	darı ʧøptør
de hierbas (té ~)	чөп чайы	ʧøp ʧajı

EL APARTAMENTO

68. El apartamento

apartamento (m)	батир	batir
habitación (f)	бөлмө	bølmø
dormitorio (m)	уктоочу бөлмө	uktootʃu bølmø
comedor (m)	ашкана	aʃkana
salón (m)	конок үйү	konok yjy
despacho (m)	иш бөлмөсү	iʃ bølmøsy
antecámara (f)	кире бериш	kire beriʃ
cuarto (m) de baño	ванная	vannaja
servicio (m)	даараткана	daaratkana
techo (m)	шып	ʃɪp
suelo (m)	пол	pol
rincón (m)	бурч	burtʃ

69. Los muebles. El interior

muebles (m pl)	эмерек	emerek
mesa (f)	стол	stol
silla (f)	стул	stul
cama (f)	керебет	kerebet
sofá (m)	диван	divan
sillón (m)	олпок отургуч	olpok oturgutʃ
librería (f)	китеп шкафы	kitep ʃkafɪ
estante (m)	текче	tektʃe
armario (m)	шкаф	ʃkaf
percha (f)	кийим илгич	kijim ilgitʃ
perchero (m) de pie	кийим илгич	kijim ilgitʃ
cómoda (f)	комод	komod
mesa (f) de café	журнал столу	dʒurnal stolu
espejo (m)	күзгү	kyzgy
tapiz (m)	килем	kilem
alfombra (f)	килемче	kilemtʃe
chimenea (f)	очок	otʃok
candela (f)	шам	ʃam
candelero (m)	шамдал	ʃamdal
cortinas (f pl)	парда	parda
empapelado (m)	туш кагаз	tuʃ kagaz

estor (m) de láminas	жалюзи	dʒaldʒuzi
lámpara (f) de mesa	стол чырагы	stol tʃıragı
candil (m)	чырак	tʃırak
lámpara (f) de pie	торшер	torʃer
lámpara (f) de araña	асма шам	asma ʃam

pata (f) (~ de la mesa)	бут	but
brazo (m)	чыканак такооч	tʃıkanak takootʃ
espaldar (m)	жөлөнгүч	dʒөlөngytʃ
cajón (m)	суурма	suurma

70. Los accesorios de la cama

ropa (f) de cama	шейшеп	ʃejʃep
almohada (f)	жаздык	dʒazdık
funda (f)	жаздык кап	dʒazdık kap
manta (f)	жууркан	dʒuurkan
sábana (f)	шейшеп	ʃejʃep
sobrecama (f)	жапкыч	dʒapkıtʃ

71. La cocina

cocina (f)	ашкана	aʃkana
gas (m)	газ	gaz
cocina (f) de gas	газ плитасы	gaz plitası
cocina (f) eléctrica	электр плитасы	elektr plitası
horno (m)	духовка	duχovka
horno (m) microondas	микротолкун меши	mikrotolkun meʃi

frigorífico (m)	муздаткыч	muzdatkıtʃ
congelador (m)	тоңдургуч	tondurgutʃ
lavavajillas (m)	идиш жуучу машина	idiʃ dʒuutʃu maʃina

picadora (f) de carne	эт туурагыч	et tuuragıtʃ
exprimidor (m)	шире сыккыч	ʃire sıkkıtʃ
tostador (m)	тостер	toster
batidora (f)	миксер	mikser

cafetera (f) (aparato de cocina)	кофе кайнаткыч	kofe kajnatkıtʃ
cafetera (f) (para servir)	кофе кайнатуучу идиш	kofe kajnatuutʃu idiʃ
molinillo (m) de café	кофе майдалагыч	kofe majdalagıtʃ

hervidor (m) de agua	чайнек	tʃajnek
tetera (f)	чайнек	tʃajnek
tapa (f)	капкак	kapkak
colador (m) de té	чыпка	tʃıpka

cuchara (f)	кашык	kaʃık
cucharilla (f)	чай кашык	tʃaj kaʃık
cuchara (f) de sopa	аш кашык	aʃ kaʃık
tenedor (m)	вилка	vilka

cuchillo (m)	бычак	bıtʃak
vajilla (f)	идиш-аяк	idiʃ-ajak
plato (m)	табак	tabak
platillo (m)	табак	tabak

vaso (m) de chupito	рюмка	rumka
vaso (m) (~ de agua)	ыстакан	ıstakan
taza (f)	чейчөк	tʃøjtʃøk

azucarera (f)	кум шекер салгыч	kum ʃeker salgıtʃ
salero (m)	туз салгыч	tuz salgıtʃ
pimentero (m)	мурч салгыч	murtʃ salgıtʃ
mantequera (f)	май салгыч	maj salgıtʃ

cacerola (f)	мискей	miskej
sartén (f)	табак	tabak
cucharón (m)	чөмүч	tʃømytʃ
colador (m)	депкир	depkir
bandeja (f)	батыныс	batınıs

botella (f)	бөтөлкө	bøtølkø
tarro (m) de vidrio	банка	banka
lata (f) de hojalata	банка	banka

abrebotellas (m)	ачкыч	atʃkıtʃ
abrelatas (m)	ачкыч	atʃkıtʃ
sacacorchos (m)	штопор	ʃtopor
filtro (m)	чыпка	tʃıpka
filtrar (vt)	чыпкалоо	tʃıpkaloo

| basura (f) | таштанды | taʃtandı |
| cubo (m) de basura | таштанды чака | taʃtandı tʃaka |

72. El baño

cuarto (m) de baño	ванная	vannaja
agua (f)	суу	suu
grifo (m)	чорго	tʃorgo
agua (f) caliente	ысык суу	ısık suu
agua (f) fría	муздак суу	muzdak suu

pasta (f) de dientes	тиш пастасы	tiʃ pastası
limpiarse los dientes	тиш жуу	tiʃ dʒuu
cepillo (m) de dientes	тиш щёткасы	tiʃ ʃʲotkası

afeitarse (vr)	кырынуу	kırınuu
espuma (f) de afeitar	кырынуу үчүн көбүк	kırınuu ytʃyn købyk
maquinilla (f) de afeitar	устара	ustara

lavar (vt)	жуу	dʒuu
darse un baño	жуунуу	dʒuunuu
ducha (f)	душ	duʃ
darse una ducha	душка түшүү	duʃka tyʃyy
baño (m)	ванна	vanna

| inodoro (m) | унитаз | unitaz |
| lavabo (m) | раковина | rakovina |

| jabón (m) | самын | samın |
| jabonera (f) | самын салгыч | samın salgıʧ |

esponja (f)	губка	gubka
champú (m)	шампунь	ʃampunʲ
toalla (f)	сүлгү	sylgy
bata (f) de baño	халат	χalat

colada (f), lavado (m)	кир жуу	kir dʒuu
lavadora (f)	кир жуучу машина	kir dʒuuʧu maʃina
lavar la ropa	кир жуу	kir dʒuu
detergente (m) en polvo	кир жуучу порошок	kir dʒuuʧu poroʃok

73. Los aparatos domésticos

televisor (m)	сыналгы	sınalgı
magnetófono (m)	магнитофон	magnitofon
vídeo (m)	видеомагнитофон	videomagnitofon
radio (f)	үналгы	ynalgı
reproductor (m) (~ MP3)	плеер	pleer

proyector (m) de vídeo	видеопроектор	videoproektor
sistema (m) home cinema	үй кинотеатры	yj kinoteatrı
reproductor (m) de DVD	DVD ойноткуч	dividi ojnotkuʧ
amplificador (m)	күчөткүч	kyʧøtkyʧ
videoconsola (f)	оюн приставкасы	ojʉn pristavkası

cámara (f) de vídeo	видеокамера	videokamera
cámara (f) fotográfica	фотоаппарат	fotoapparat
cámara (f) digital	санарип камерасы	sanarip kamerası

aspirador (m)	чаң соргуч	ʧaŋ sorguʧ
plancha (f)	үтүк	ytyk
tabla (f) de planchar	үтүктөөчү тактай	ytyktøøʧy taktaj

teléfono (m)	телефон	telefon
teléfono (m) móvil	мобилдик	mobildik
máquina (f) de escribir	машинка	maʃinka
máquina (f) de coser	кийим тигүүчү машинка	kijim tigyyʧy maʃinka

micrófono (m)	микрофон	mikrofon
auriculares (m pl)	кулакчын	kulakʧın
mando (m) a distancia	пульт	pulʲt

CD (m)	CD, компакт-диск	sidi, kompakt-disk
casete (m)	кассета	kasseta
disco (m) de vinilo	пластинка	plastinka

LA TIERRA. EL TIEMPO

74. El espacio

cosmos (m)	космос	kosmos
espacial, cósmico (adj)	космос	kosmos
espacio (m) cósmico	космос мейкиндиги	kosmos mejkindigi
mundo (m)	дүйнө	dyjnø
universo (m)	аалам	aalam
galaxia (f)	галактика	galaktika
estrella (f)	жылдыз	dʒɪldɪz
constelación (f)	жылдыздар	dʒɪldɪzdar
planeta (m)	планета	planeta
satélite (m)	жолдош	dʒoldoʃ
meteorito (m)	метеорит	meteorit
cometa (f)	комета	kometa
asteroide (m)	астероид	asteroid
órbita (f)	орбита	orbita
girar (vi)	айлануу	ajlanuu
atmósfera (f)	атмосфера	atmosfera
Sol (m)	күн	kyn
Sistema (m) Solar	күн системасы	kyn sistemasɪ
eclipse (m) de Sol	күндүн тутулушу	kyndyn tutuluʃu
Tierra (f)	Жер	dʒer
Luna (f)	Ай	aj
Marte (m)	Марс	mars
Venus (f)	Венера	venera
Júpiter (m)	Юпитер	jʉpiter
Saturno (m)	Сатурн	saturn
Mercurio (m)	Меркурий	merkurij
Urano (m)	Уран	uran
Neptuno (m)	Нептун	neptun
Plutón (m)	Плутон	pluton
la Vía Láctea	Саманчынын жолу	samantʃɪnɪn dʒolu
la Osa Mayor	Чоң Жетиген	tʃoŋ dʒetigen
la Estrella Polar	Полярдык Жылдыз	polʲardɪk dʒɪldɪz
marciano (m)	марсианин	marsianin
extraterrestre (m)	инопланетянин	inoplanetʲanin
planetícola (m)	келгин	kelgin

platillo (m) volante	учуучу табак	utʃuutʃu tabak
nave (f) espacial	космос кемеси	kosmos kemesi
estación (f) orbital	орбитадагы станция	orbitadagı stantsija
despegue (m)	старт	start

motor (m)	кыймылдаткыч	kıjmıldatkıtʃ
tobera (f)	сопло	soplo
combustible (m)	күйүүчү май	kyjyytʃy may

carlinga (f)	кабина	kabina
antena (f)	антенна	antenna

ventana (f)	иллюминатор	illuminator
batería (f) solar	күн батареясы	kyn batarejası
escafandra (f)	скафандр	skafandr

ingravidez (f)	салмаксыздык	salmaksızdık
oxígeno (m)	кислород	kislorod

atraque (m)	жалгаштыруу	dʒalgaʃtıruu
realizar el atraque	жалгаштыруу	dʒalgaʃtıruu

observatorio (m)	обсерватория	observatorija
telescopio (m)	телескоп	teleskop

observar (vt)	байкоо	bajkoo
explorar (~ el universo)	изилдөө	izildøø

75. La tierra

Tierra (f)	Жер	dʒer
globo (m) terrestre	жер шары	dʒer ʃarı
planeta (m)	планета	planeta

atmósfera (f)	атмосфера	atmosfera
geografía (f)	география	geografija
naturaleza (f)	табийгат	tabijgat

globo (m) terráqueo	глобус	globus
mapa (m)	карта	karta
atlas (m)	атлас	atlas

Europa (f)	Европа	evropa
Asia (f)	Азия	azija

África (f)	Африка	afrika
Australia (f)	Австралия	avstralija

América (f)	Америка	amerika
América (f) del Norte	Северная Америка	severnaja amerika
América (f) del Sur	Южная Америка	judʒnaja amerika

Antártida (f)	Антарктида	antarktida
Ártico (m)	Арктика	arktika

76. Los puntos cardinales

norte (m)	түндүк	tyndyk
al norte	түндүккө	tyndykkø
en el norte	түндүктө	tyndyktø
del norte (adj)	түндүк	tyndyk
sur (m)	түштүк	tyʃtyk
al sur	түштүккө	tyʃtykkø
en el sur	түштүктө	tyʃtyktø
del sur (adj)	түштүк	tyʃtyk
oeste (m)	батыш	batıʃ
al oeste	батышка	batıʃka
en el oeste	батышта	batıʃta
del oeste (adj)	батыш	batıʃ
este (m)	чыгыш	tʃıgıʃ
al este	чыгышка	tʃıgıʃka
en el este	чыгышта	tʃıgıʃta
del este (adj)	чыгыш	tʃıgıʃ

77. El mar. El océano

mar (m)	деңиз	deŋiz
océano (m)	мухит	muχit
golfo (m)	булуң	buluŋ
estrecho (m)	кысык	kısık
tierra (f) firme	жер	dʒer
continente (m)	материк	materik
isla (f)	арал	aral
península (f)	жарым арал	dʒarım aral
archipiélago (m)	архипелаг	arχipelag
bahía (f)	булуң	buluŋ
puerto (m)	гавань	gavanʲ
laguna (f)	лагуна	laguna
cabo (m)	тумшук	tumʃuk
atolón (m)	атолл	atoll
arrecife (m)	риф	rif
coral (m)	маржан	mardʒan
arrecife (m) de coral	маржан рифи	mardʒan rifi
profundo (adj)	терең	tereŋ
profundidad (f)	тер엔дик	tereŋdik
abismo (m)	түбү жок	tyby dʒok
fosa (f) oceánica	ойдуң	ojduŋ
corriente (f)	агым	agım
bañar (rodear)	курчап туруу	kurtʃap turuu

| orilla (f) | жээк | dʒeek |
| costa (f) | жээк | dʒeek |

flujo (m)	суунун көтөрүлүшү	suunun køtørylyſy
reflujo (m)	суунун тартылуусу	suunun tartıluusu
banco (m) de arena	тайыздык	tajızdık
fondo (m)	суунун түбү	suunun tyby

ola (f)	толкун	tolkun
cresta (f) de la ola	толкундун кыры	tolkundun kırı
espuma (f)	көбүк	købyk

tempestad (f)	бороон чапкын	boroon ʧapkın
huracán (m)	бороон	boroon
tsunami (m)	цунами	tsunami
bonanza (f)	штиль	ʃtilʲ
calmo, tranquilo	тынч	tıntʃ

| polo (m) | уюл | ujʉl |
| polar (adj) | полярдык | polʲardık |

latitud (f)	кеңдик	keŋdik
longitud (f)	узундук	uzunduk
paralelo (m)	параллель	parallelʲ
ecuador (m)	экватор	ekvator

cielo (m)	асман	asman
horizonte (m)	горизонт	gorizont
aire (m)	аба	aba

faro (m)	маяк	majak
bucear (vi)	сүңгүү	syŋgyy
hundirse (vr)	чөгүп кетүү	ʧøgyp ketyy
tesoros (m pl)	казына	kazına

78. Los nombres de los mares y los océanos

océano (m) Atlántico	Атлантика мухити	atlantika muxiti
océano (m) Índico	Индия мухити	indija muxiti
océano (m) Pacífico	Тынч мухити	tıntʃ muxiti
océano (m) Glacial Ártico	Түндүк Муз мухити	tyndyk muz muxiti

mar (m) Negro	Кара деңиз	kara deŋiz
mar (m) Rojo	Кызыл деңиз	kızıl deŋiz
mar (m) Amarillo	Сары деңиз	sarı deŋiz
mar (m) Blanco	Ак деңиз	ak deŋiz

mar (m) Caspio	Каспий деңизи	kaspij deŋizi
mar (m) Muerto	Өлүк деңиз	ølyk deŋiz
mar (m) Mediterráneo	Жер Ортолук деңиз	dʒer ortoluk deŋiz

mar (m) Egeo	Эгей деңизи	egej deŋizi
mar (m) Adriático	Адриатика деңизи	adriatika deŋizi
mar (m) Arábigo	Аравия деңизи	aravija deŋizi

mar (m) del Japón	Япон деңизи	japon deŋizi
mar (m) de Bering	Беринг деңизи	bering deŋizi
mar (m) de la China Meridional	Түштүк-Кытай деңизи	tyʃtyk-kıtaj deŋizi

mar (m) del Coral	Маржан деңизи	mardʒan deŋizi
mar (m) de Tasmania	Тасман деңизи	tasman deŋizi
mar (m) Caribe	Кариб деңизи	karib deŋizi

| mar (m) de Barents | Баренц деңизи | barents deŋizi |
| mar (m) de Kara | Карск деңизи | karsk deŋizi |

mar (m) del Norte	Түндүк деңиз	tyndyk deŋiz
mar (m) Báltico	Балтика деңизи	baltika deŋizi
mar (m) de Noruega	Норвегиялык деңизи	norvegijalık deŋizi

79. Las montañas

montaña (f)	тоо	too
cadena (f) de montañas	тоо тизмеги	too tizmegi
cresta (f) de montañas	тоо кырклары	too kırkaları

cima (f)	чоку	tʃoku
pico (m)	чоку	tʃoku
pie (m)	тоо этеги	too etegi
cuesta (f)	эңкейиш	eŋkejiʃ

volcán (m)	вулкан	vulkan
volcán (m) activo	күйүп жаткан	kyjyp dʒatkan
volcán (m) apagado	өчүп калган вулкан	øtʃyp kalgan vulkan

erupción (f)	атырылып чыгуу	atırılıp tʃıguu
cráter (m)	кратер	krater
magma (f)	магма	magma
lava (f)	лава	lava
fundido (lava ~a)	кызыган	kızıgan

cañón (m)	каньон	kanion
desfiladero (m)	капчыгай	kaptʃıgaj
grieta (f)	жарака	dʒaraka
precipicio (m)	жар	dʒar

puerto (m) (paso)	ашуу	aʃuu
meseta (f)	дөңсөө	døŋsøø
roca (f)	зоока	zooka
colina (f)	дөбө	døbø

glaciar (m)	муз	muz
cascada (f)	шаркыратма	ʃarkıratma
geiser (m)	гейзер	gejzer
lago (m)	көл	køl

| llanura (f) | түздүк | tyzdyk |
| paisaje (m) | теребел | terebel |

eco (m)	жаңырык	ʤaŋırık
alpinista (m)	альпинист	alʲpinist
escalador (m)	скалолаз	skalolaz
conquistar (vt)	багындыруу	bagındıruu
ascensión (f)	тоонун чокусуна чыгуу	toonun ʧokusuna ʧıguu

80. Los nombres de las montañas

Alpes (m pl)	Альп тоолору	alʲp tooloru
Montblanc (m)	Монблан	monblan
Pirineos (m pl)	Пиреней тоолору	pirenej tooloru

Cárpatos (m pl)	Карпат тоолору	karpat tooloru
Urales (m pl)	Урал тоолору	ural tooloru
Cáucaso (m)	Кавказ тоолору	kavkaz tooloru
Elbrus (m)	Эльбрус	elʲbrus

Altai (m)	Алтай тоолору	altaj tooloru
Tian-Shan (m)	Тянь-Шань	tjanʲ-ʃanʲ
Pamir (m)	Памир тоолору	pamir tooloru
Himalayos (m pl)	Гималай тоолору	gimalaj tooloru
Everest (m)	Эверест	everest

| Andes (m pl) | Анд тоолору | and tooloru |
| Kilimanjaro (m) | Килиманджаро | kilimanʤaro |

81. Los ríos

río (m)	дарыя	darıja
manantial (m)	булак	bulak
lecho (m) (curso de agua)	сай	saj
cuenca (f) fluvial	бассейн	bassejn
desembocar en ...	... кую́у	... kujʉu

| afluente (m) | куйма | kujma |
| ribera (f) | жээк | ʤeek |

corriente (f)	агым	agım
río abajo (adv)	агым боюнча	agım bojʉnʧa
río arriba (adv)	агымга каршы	agımga karʃı

inundación (f)	ташкын	taʃkın
riada (f)	суу ташкыны	suu taʃkını
desbordarse (vr)	дайранын ташышы	dajranın taʃıʃı
inundar (vt)	суу каптоо	suu kaptoo

| bajo (m) arenoso | тайыздык | tajızdık |
| rápido (m) | босого | bosogo |

presa (f)	тогоон	togoon
canal (m)	канал	kanal
lago (m) artificiale	суу сактагыч	suu saktagıʧ

esclusa (f)	шлюз	ʃluz
cuerpo (m) de agua	көлмө	kølmø
pantano (m)	саз	saz
ciénaga (m)	баткак	batkak
remolino (m)	айлампа	ajlampa

arroyo (m)	суу	suu
potable (adj)	ичилчү суу	itʃiltʃy suu
dulce (agua ~)	тузсуз	tuzsuz

| hielo (m) | муз | muz |
| helarse (el lago, etc.) | тоңуп калуу | toŋup kaluu |

82. Los nombres de los ríos

| Sena (m) | Сена | sena |
| Loira (m) | Луара | luara |

Támesis (m)	Темза	temza
Rin (m)	Рейн	rejn
Danubio (m)	Дунай	dunaj

Volga (m)	Волга	volga
Don (m)	Дон	don
Lena (m)	Лена	lena

Río (m) Amarillo	Хуанхэ	χuanχe
Río (m) Azul	Янцзы	janʦzı
Mekong (m)	Меконг	mekong
Ganges (m)	Ганг	gang

Nilo (m)	Нил	nil
Congo (m)	Конго	kongo
Okavango (m)	Окаванго	okavango
Zambeze (m)	Замбези	zambezi
Limpopo (m)	Лимпопо	limpopo
Misisipí (m)	Миссисипи	missisipi

83. El bosque

| bosque (m) | токой | tokoj |
| de bosque (adj) | токойлуу | tokojluu |

espesura (f)	чытырман токой	tʃıtırman tokoj
bosquecillo (m)	токойчо	tokojtʃo
claro (m)	аянт	ajant

| maleza (f) | бадал | badal |
| matorral (m) | бадал | badal |

| senda (f) | чыйыр жол | tʃıjır dʒol |
| barranco (m) | жар | dʒar |

árbol (m)	дарак	darak
hoja (f)	жалбырак	dʒalbırak
follaje (m)	жалбырак	dʒalbırak
caída (f) de hojas	жалбырак түшүү мезгили	dʒalbırak tyʃyy mezgili
caer (las hojas)	түшүү	tyʃyy
cima (f)	чоку	tʃoku
rama (f)	бутак	butak
rama (f) (gruesa)	бутак	butak
brote (m)	бүчүр	bytʃyr
aguja (f)	ийне	ijne
piña (f)	тобурчак	toburtʃak
agujero (m)	көндөй	køndøj
nido (m)	уя	uja
madriguera (f)	ийин	ijin
tronco (m)	сөңгөк	søŋgøk
raíz (f)	тамыр	tamır
corteza (f)	кыртыш	kırtıʃ
musgo (m)	мох	moχ
extirpar (vt)	дүмүрүн казуу	dymyryn kazuu
talar (vt)	кыюу	kıjuu
deforestar (vt)	токойду кыюу	tokojdu kıjuu
tocón (m)	дүмүр	dymyr
hoguera (f)	от	ot
incendio (m)	өрт	ørt
apagar (~ el incendio)	өчүрүү	øtʃyryy
guarda (m) forestal	токойчу	tokojtʃu
protección (f)	өсүмдүктөрдү коргоо	øsymdyktørdy korgoo
proteger (vt)	сактоо	saktoo
cazador (m) furtivo	браконьер	brakonjer
cepo (m)	капкан	kapkan
recoger (setas)	терүү	teryy
recoger (bayas)	терүү	teryy
perderse (vr)	адашып кетүү	adaʃıp ketyy

84. Los recursos naturales

recursos (m pl) naturales	жаратылыш байлыктары	dʒaratılıʃ bajlıktarı
minerales (m pl)	пайдалуу кендер	pajdaluu kender
depósitos (m pl)	кен	ken
yacimiento (m)	кендүү жер	kendyy dʒer
extraer (vt)	казуу	kazuu
extracción (f)	казуу	kazuu
mineral (m)	кен	ken
mina (f)	шахта	ʃaχta
pozo (m) de mina	шахта	ʃaχta

minero (m)	кенчи	kentʃi
gas (m)	газ	gaz
gasoducto (m)	газопровод	gazoprovod

petróleo (m)	мунайзат	munajzat
oleoducto (m)	мунайзар түтүгү	munajzar tytygy
torre (f) petrolera	мунайзат скважинасы	munajzat skvadʒinası
torre (f) de sondeo	мунайзат мунарасы	munajzat munarası
petrolero (m)	танкер	tanker

arena (f)	кум	kum
caliza (f)	акиташ	akitaʃ
grava (f)	шагыл	ʃagıl
turba (f)	торф	torf
arcilla (f)	ылай	ılaj
carbón (m)	көмүр	kømyr

hierro (m)	темир	temir
oro (m)	алтын	altın
plata (f)	күмүш	kymyʃ
níquel (m)	никель	nikelʲ
cobre (m)	жез	dʒez

zinc (m)	цинк	tsınk
manganeso (m)	марганец	marganets
mercurio (m)	сымап	sımap
plomo (m)	коргошун	korgoʃun

mineral (m)	минерал	mineral
cristal (m)	кристалл	kristall
mármol (m)	мрамор	mramor
uranio (m)	уран	uran

85. El tiempo

| tiempo (m) | аба-ырайы | aba-ırajı |
| previsión (m) del tiempo | аба-ырайы боюнча маалымат | aba-ırajı bojuntʃa maalımat |

temperatura (f)	температура	temperatura
termómetro (m)	термометр	termometr
barómetro (m)	барометр	barometr

| húmedo (adj) | нымдуу | nımduu |
| humedad (f) | ным | nım |

bochorno (m)	ысык	ısık
tórrido (adj)	кыйын ысык	kıjın ısık
hace mucho calor	ысык	ısık

| hace calor (templado) | жылуу | dʒıluu |
| templado (adj) | жылуу | dʒıluu |

| hace frío | суук | suuk |
| frío (adj) | суук | suuk |

sol (m)	күн	kyn
brillar (vi)	күн тийүү	kyn tijyy
soleado (un día ~)	күн ачык	kyn atʃık
elevarse (el sol)	чыгуу	tʃıguu
ponerse (vr)	батуу	batuu
nube (f)	булут	bulut
nuboso (adj)	булуттуу	buluttuu
nubarrón (m)	булут	bulut
nublado (adj)	күн бүркөк	kyn byrkøk
lluvia (f)	жамгыр	dʒamgır
está lloviendo	жамгыр жаап жатат	dʒamgır dʒaap dʒatat
lluvioso (adj)	жаандуу	dʒaanduu
lloviznar (vi)	дыбыратуу	dıbıratuu
aguacero (m)	нөшөрлөгөн жаан	nøʃørløgøn dʒaan
chaparrón (m)	нөшөр	nøʃør
fuerte (la lluvia ~)	катуу	katuu
charco (m)	көлчүк	køltʃyk
mojarse (vr)	суу болуу	suu boluu
niebla (f)	туман	tuman
nebuloso (adj)	тумандуу	tumanduu
nieve (f)	кар	kar
está nevando	кар жаап жатат	kar dʒaap dʒatat

86. Los eventos climáticos severos. Los desastres naturales

tormenta (f)	чагылгандуу жаан	tʃagılganduu dʒaan
relámpago (m)	чагылган	tʃagılgan
relampaguear (vi)	жарк этүү	dʒark etyy
trueno (m)	күн күркүрөө	kyn kyrkyrøø
tronar (vi)	күн күркүрөө	kyn kyrkyrøø
está tronando	күн күркүрөп жатат	kyn kyrkyrøp dʒatat
granizo (m)	мөндүр	møndyr
está granizando	мөндүр түшүп жатат	møndyr tyʃyp dʒatat
inundar (vt)	суу каптоо	suu kaptoo
inundación (f)	ташкын	taʃkın
terremoto (m)	жер титирөө	dʒer titirøø
sacudida (f)	жердин силкиниши	dʒerdin silkiniʃi
epicentro (m)	эпицентр	epitsentr
erupción (f)	атырылып чыгуу	atırılıp tʃıguu
lava (f)	лава	lava
torbellino (m)	куюн	kujun
tornado (m)	торнадо	tornado
tifón (m)	тайфун	tajfun
huracán (m)	бороон	boroon

| tempestad (f) | бороон чапкын | boroon ʧapkın |
| tsunami (m) | цунами | tsunami |

ciclón (m)	циклон	tsıklon
mal tiempo (m)	жаан-чачындуу күн	dʒaan-ʧaʧınduu kyn
incendio (m)	өрт	ørt
catástrofe (f)	кыйроо	kıjroo
meteorito (m)	метеорит	meteorit

avalancha (f)	көчкү	køʧky
alud (m) de nieve	кар көчкүсү	kar køʧkysy
ventisca (f)	кар бороону	kar boroonu
nevasca (f)	бурганак	burganak

LA FAUNA

87. Los mamíferos. Los predadores

carnívoro (m)	жырткыч	dʒɪrtkɪʧ
tigre (m)	жолборс	dʒolbors
león (m)	арстан	arstan
lobo (m)	карышкыр	karɪʃkɪr
zorro (m)	түлкү	tylky
jaguar (m)	ягуар	jaguar
leopardo (m)	леопард	leopard
guepardo (m)	гепард	gepard
pantera (f)	пантера	pantera
puma (f)	пума	puma
leopardo (m) de las nieves	илбирс	ilbirs
lince (m)	сүлөөсүн	syløøsyn
coyote (m)	койот	kojot
chacal (m)	чөө	ʧøø
hiena (f)	гиена	giena

88. Los animales salvajes

animal (m)	жаныбар	dʒanıbar
bestia (f)	жапайы жаныбар	dʒapajı dʒanıbar
ardilla (f)	тыйын чычкан	tijın ʧıʧkan
erizo (m)	кирпичечен	kirpiʧeʧen
liebre (f)	коен	koen
conejo (m)	коен	koen
tejón (m)	кашкулак	kaʃkulak
mapache (m)	енот	enot
hámster (m)	хомяк	χomʲak
marmota (f)	суур	suur
topo (m)	момолой	momoloj
ratón (m)	чычкан	ʧıʧkan
rata (f)	келемиш	kelemiʃ
murciélago (m)	жарганат	dʒarganat
armiño (m)	арс чычкан	ars ʧıʧkan
cebellina (f)	киш	kiʃ
marta (f)	суусар	suusar
comadreja (f)	ласка	laska
visón (m)	норка	norka

| castor (m) | кемчет | kemtʃet |
| nutria (f) | кундуз | kunduz |

caballo (m)	жылкы	ʤɩlkɩ
alce (m)	багыш	bagɩʃ
ciervo (m)	бугу	bugu
camello (m)	төө	tøø

bisonte (m)	бизон	bizon
uro (m)	зубр	zubr
búfalo (m)	буйвол	bujvol

cebra (f)	зебра	zebra
antílope (m)	антилопа	antilopa
corzo (m)	элик	elik
gamo (m)	лань	lanʲ
gamuza (f)	жейрен	ʤejren
jabalí (m)	каман	kaman

ballena (f)	кит	kit
foca (f)	тюлень	tʉlenʲ
morsa (f)	морж	morʤ
oso (m) marino	деңиз мышыгы	deŋiz mɩʃɩgɩ
delfín (m)	дельфин	delʲfin

oso (m)	аюу	ajʉu
oso (m) blanco	ак аюу	ak ajʉu
panda (f)	панда	panda

mono (m)	маймыл	majmɩl
chimpancé (m)	шимпанзе	ʃimpanze
orangután (m)	орангутанг	orangutang
gorila (m)	горилла	gorilla
macaco (m)	макака	makaka
gibón (m)	гиббон	gibbon

elefante (m)	пил	pil
rinoceronte (m)	керик	kerik
jirafa (f)	жираф	ʤiraf
hipopótamo (m)	бегемот	begemot

| canguro (m) | кенгуру | kenguru |
| koala (f) | коала | koala |

mangosta (f)	мангуст	mangust
chinchilla (f)	шиншилла	ʃinʃilla
mofeta (f)	скунс	skuns
espín (m)	чүткөр	tʃʏtkør

89. Los animales domésticos

gata (f)	ургаачы мышык	urgaatʃɩ mɩʃɩk
gato (m)	эркек мышык	erkek mɩʃɩk
perro (m)	ит	it

caballo (m)	жылкы	ʤılkı
garañón (m)	айгыр	ajgır
yegua (f)	бээ	bee

vaca (f)	уй	uj
toro (m)	бука	buka
buey (m)	өгүз	øgyz

oveja (f)	кой	koj
carnero (m)	кочкор	kotʃkor
cabra (f)	эчки	etʃki
cabrón (m)	теке	teke

asno (m)	эшек	eʃek
mulo (m)	качыр	katʃır

cerdo (m)	чочко	tʃotʃko
cerdito (m)	торопой	toropoj
conejo (m)	коен	koen

gallina (f)	тоок	took
gallo (m)	короз	koroz

pato (m)	өрдөк	ørdøk
ánade (m)	эркек өрдөк	erkek ørdøk
ganso (m)	каз	kaz

pavo (m)	күрп	kyrp
pava (f)	ургаачы күрп	urgaatʃı kyrp

animales (m pl) domésticos	үй жаныбарлары	yj ʤanıbarları
domesticado (adj)	колго үйрөтүлгөн	kolgo yjrøtylgøn
domesticar (vt)	колго үйрөтүү	kolgo yjrøtyy
criar (vt)	өстүрүү	østyryy

granja (f)	ферма	ferma
aves (f pl) de corral	үй канаттулары	yj kanattuları
ganado (m)	мал	mal
rebaño (m)	бада	bada

caballeriza (f)	аткана	atkana
porqueriza (f)	чочкокана	tʃotʃkokana
vaquería (f)	уйкана	ujkana
conejal (m)	коенкана	koenkana
gallinero (m)	тоокана	tookana

90. Los pájaros

pájaro (m)	куш	kuʃ
paloma (f)	көгүчкөн	køgytʃkøn
gorrión (m)	таранчы	tarantʃı
paro (m)	синица	sinitsa
cotorra (f)	сагызган	sagızgan
cuervo (m)	кузгун	kuzgun

corneja (f)	карга	karga
chova (f)	таан	taan
grajo (m)	чаркарга	ʧarkarga

pato (m)	өрдөк	ørdøk
ganso (m)	каз	kaz
faisán (m)	кыргоол	kırgool

águila (f)	бүркүт	byrkyt
azor (m)	ителги	itelgi
halcón (m)	шумкар	ʃumkar
buitre (m)	жору	ʤoru
cóndor (m)	кондор	kondor

cisne (m)	аккуу	akkuu
grulla (f)	турна	turna
cigüeña (f)	илегилек	ilegilek

loro (m), papagayo (m)	тотукуш	totukuʃ
colibrí (m)	колибри	kolibri
pavo (m) real	тоос	toos

avestruz (m)	төө куш	tøø kuʃ
garza (f)	көк кытан	køk kıtan
flamenco (m)	фламинго	flamingo
pelícano (m)	биргазан	birgazan

| ruiseñor (m) | булбул | bulbul |
| golondrina (f) | чабалекей | ʧabalekej |

tordo (m)	таркылдак	tarkıldak
zorzal (m)	сайрагыч таркылдак	sajragıʧ tarkıldak
mirlo (m)	кара таңдай таркылдак	kara taŋdaj tarkıldak

vencejo (m)	кардыгач	kardıgaʧ
alondra (f)	торгой	torgoj
codorniz (f)	бөдөнө	bødønø

pico (m)	тоңкулдак	toŋkuldak
cuco (m)	күкүк	kykyk
lechuza (f)	мыкый үкү	mıkıj yky
búho (m)	үкү	yky
urogallo (m)	керең кур	kereŋ kur
gallo lira (m)	кара кур	kara kur
perdiz (f)	кекилик	kekilik

estornino (m)	чыйырчык	ʧıjırʧık
canario (m)	канарейка	kanarejka
ortega (f)	токой чили	tokoj ʧili

| pinzón (m) | зяблик | zʲablik |
| camachuelo (m) | снегирь | snegirʲ |

gaviota (f)	ак чардак	ak ʧardak
albatros (m)	альбатрос	alʲbatros
pingüino (m)	пингвин	pingvin

91. Los peces. Los animales marinos

brema (f)	лещ	leʃʧ
carpa (f)	карп	karp
perca (f)	окунь	okunʲ
siluro (m)	жаян	dʒajan
lucio (m)	чортон	ʧorton

salmón (m)	лосось	lososʲ
esturión (m)	осётр	osʲotr

arenque (m)	сельдь	selʲdʲ
salmón (m) del Atlántico	сёмга	sʲomga
caballa (f)	скумбрия	skumbrija
lenguado (m)	камбала	kambala

lucioperca (m)	судак	sudak
bacalao (m)	треска	treska
atún (m)	тунец	tunets
trucha (f)	форель	forelʲ

anguila (f)	угорь	ugorʲ
tembladera (f)	скат	skat
morena (f)	мурена	murena
piraña (f)	пиранья	piranja

tiburón (m)	акула	akula
delfín (m)	дельфин	delʲfin
ballena (f)	кит	kit

centolla (f)	краб	krab
medusa (f)	медуза	meduza
pulpo (m)	сегиз бут	segiz but

estrella (f) de mar	деңиз жылдызы	deŋiz dʒıldızı
erizo (m) de mar	деңиз кирписи	deŋiz kirpisi
caballito (m) de mar	деңиз тайы	deŋiz tajı

ostra (f)	устрица	ustritsa
camarón (m)	креветка	krevetka
bogavante (m)	омар	omar
langosta (f)	лангуст	langust

92. Los anfibios. Los reptiles

serpiente (f)	жылан	dʒılan
venenoso (adj)	уулуу	uuluu

víbora (f)	кара чаар жылан	kara ʧaar dʒılan
cobra (f)	кобра	kobra
pitón (m)	питон	piton
boa (f)	удав	udav
culebra (f)	сары жылан	sarı dʒılan

| serpiente (m) de cascabel | шакылдак жылан | ʃakıldak dʒılan |
| anaconda (f) | анаконда | anakonda |

lagarto (f)	кескелдирик	keskeldirik
iguana (f)	игуана	iguana
varano (m)	эчкемер	etʃkemer
salamandra (f)	саламандра	salamandra
camaleón (m)	хамелеон	χameleon
escorpión (m)	чаян	tʃajan

tortuga (f)	ташбака	taʃbaka
rana (f)	бака	baka
sapo (m)	курбака	kurbaka
cocodrilo (m)	крокодил	krokodil

93. Los insectos

insecto (m)	курт-кумурска	kurt-kumurska
mariposa (f)	көпөлөк	køpøløk
hormiga (f)	кумурска	kumurska
mosca (f)	чымын	tʃımın
mosquito (m) (picadura de ~)	чиркей	tʃirkej
escarabajo (m)	коңуз	koŋuz

avispa (f)	аары	aarı
abeja (f)	бал аары	bal aarı
abejorro (m)	жапан аары	dʒapan aarı
moscardón (m)	көгөөн	køgøøn

| araña (f) | жөргөмүш | dʒørgømyʃ |
| telaraña (f) | желе | dʒele |

libélula (f)	ийнелик	ijnelik
saltamontes (m)	чегиртке	tʃegirtke
mariposa (f) nocturna	көпөлөк	køpøløk

cucaracha (f)	таракан	tarakan
garrapata (f)	кене	kene
pulga (f)	бүргө	byrgø
mosca (f) negra	майда чымын	majda tʃımın

langosta (f)	чегиртке	tʃegirtke
caracol (m)	үлүл	ylyl
grillo (m)	кара чегиртке	kara tʃegirtke
luciérnaga (f)	жалтырак коңуз	dʒaltırak koŋuz
mariquita (f)	айланкөчөк	ajlankøtʃøk
escarabajo (m) sanjuanero	саратан коңуз	saratan koŋuz

sanguijuela (f)	сүлүк	sylyk
oruga (f)	каз таман	kaz taman
gusano (m)	жер курту	dʒer kurtu
larva (f)	курт	kurt

LA FLORA

94. Los árboles

árbol (m)	дарак	darak
foliáceo (adj)	жалбырактуу	dʒalbıraktuu
conífero (adj)	ийне жалбырактуулар	ijne dʒalbıraktuular
de hoja perenne	дайым жашыл	dajım dʒaʃıl
manzano (m)	алма бак	alma bak
peral (m)	алмурут бак	almurut bak
cerezo (m)	гилас	gilas
guindo (m)	алча	altʃa
ciruelo (m)	кара өрүк	kara øryk
abedul (m)	ак кайың	ak kajıŋ
roble (m)	эмен	emen
tilo (m)	жөкө дарак	dʒøkø darak
pobo (m)	бай терек	baj terek
arce (m)	клён	klʲon
picea (m)	кара карагай	kara karagaj
pino (m)	карагай	karagaj
alerce (m)	лиственница	listvennitsa
abeto (m)	пихта	piχta
cedro (m)	кедр	kedr
álamo (m)	терек	terek
serbal (m)	четин	tʃetin
sauce (m)	мажурум тал	madʒyrym tal
aliso (m)	ольха	olʲχa
haya (f)	бук	buk
olmo (m)	кара жыгач	kara dʒıgatʃ
fresno (m)	ясень	jasenʲ
castaño (m)	каштан	kaʃtan
magnolia (f)	магнолия	magnolija
palmera (f)	пальма	palʲma
ciprés (m)	кипарис	kiparis
mangle (m)	мангро дарагы	mangro daragı
baobab (m)	баобаб	baobab
eucalipto (m)	эвкалипт	evkalipt
secoya (f)	секвойя	sekvoja

95. Los arbustos

mata (f)	бадал	badal
arbusto (m)	бадал	badal

| vid (f) | жүзүм | dʒyzym |
| viñedo (m) | жүзүмдүк | dʒyzymdyk |

frambueso (m)	дан куурай	dan kuuraj
grosella (f) negra	кара карагат	kara karagat
grosellero (f) rojo	кызыл карагат	kızıl karagat
grosellero (m) espinoso	крыжовник	krıdʒovnik

acacia (f)	акация	akatsija
berberís (m)	бөрү карагат	børy karagat
jazmín (m)	жасмин	dʒasmin

enebro (m)	кара арча	kara artʃa
rosal (m)	роза бадалы	roza badalı
escaramujo (m)	ит мурун	it murun

96. Las frutas. Las bayas

| fruto (m) | мөмө-жемиш | mømø-dʒemiʃ |
| frutos (m pl) | мөмө-жемиш | mømø-dʒemiʃ |

manzana (f)	алма	alma
pera (f)	алмурут	almurut
ciruela (f)	кара өрүк	kara øryk

fresa (f)	кулпунай	kulpunaj
guinda (f)	алча	altʃa
cereza (f)	гилас	gilas
uva (f)	жүзүм	dʒyzym

frambuesa (f)	дан куурай	dan kuuraj
grosella (f) negra	кара карагат	kara karagat
grosella (f) roja	кызыл карагат	kızıl karagat
grosella (f) espinosa	крыжовник	krıdʒovnik
arándano (m) agrio	клюква	klʉkva

naranja (f)	апельсин	apelʲsin
mandarina (f)	мандарин	mandarin
ananás (m)	ананас	ananas
banana (f)	банан	banan
dátil (m)	курма	kurma

limón (m)	лимон	limon
albaricoque (m)	өрүк	øryk
melocotón (m)	шабдаалы	ʃabdaalı

| kiwi (m) | киви | kivi |
| pomelo (m) | грейпфрут | grejpfrut |

baya (f)	жер жемиш	dʒer dʒemiʃ
bayas (f pl)	жер жемиштер	dʒer dʒemiʃter
arándano (m) rojo	брусника	brusnika
fresa (f) silvestre	кызылгат	kızılgat
arándano (m)	кара моюл	kara mojʉl

97. Las flores. Las plantas

flor (f)	гүл	gyl
ramo (m) de flores	десте	deste
rosa (f)	роза	roza
tulipán (m)	жоогазын	dʒoogazın
clavel (m)	гвоздика	gvozdika
gladiolo (m)	гладиолус	gladiolus
aciano (m)	ботокөз	botokøz
campanilla (f)	коңгуроо гүл	konɡuroo gyl
diente (m) de león	каакым-кукум	kaakım-kukum
manzanilla (f)	ромашка	romaʃka
áloe (m)	алоэ	aloe
cacto (m)	кактус	kaktus
ficus (m)	фикус	fikus
azucena (f)	лилия	lilija
geranio (m)	герань	geranʲ
jacinto (m)	гиацинт	giatsint
mimosa (f)	мимоза	mimoza
narciso (m)	нарцисс	nartsiss
capuchina (f)	настурция	nasturtsija
orquídea (f)	орхидея	orχideja
peonía (f)	пион	pion
violeta (f)	бинапша	binapʃa
trinitaria (f)	алагүл	alagyl
nomeolvides (f)	незабудка	nezabudka
margarita (f)	маргаритка	margaritka
amapola (f)	кызгалдак	kızgaldak
cáñamo (m)	наша	naʃa
menta (f)	жалбыз	dʒalbız
muguete (m)	ландыш	landıʃ
campanilla (f) de las nieves	байчечекей	bajtʃetʃekej
ortiga (f)	чалкан	tʃalkan
acedera (f)	ат кулак	at kulak
nenúfar (m)	чөмүч баш	tʃømytʃ baʃ
helecho (m)	папоротник	paporotnik
liquen (m)	лишайник	liʃajnik
invernadero (m) tropical	күнөскана	kynøskana
césped (m)	газон	gazon
macizo (m) de flores	клумба	klumba
planta (f)	өсүмдүк	øsymdyk
hierba (f)	чөп	tʃøp
hoja (f) de hierba	бир тал чөп	bir tal tʃøp

hoja (f)	жалбырак	dʒalbırak
pétalo (m)	гүлдүн желекчеси	gyldyn dʒelektʃesi
tallo (m)	сабак	sabak
tubérculo (m)	жемиш тамыр	dʒemiʃ tamır

| retoño (m) | өсмө | øsmø |
| espina (f) | тикен | tiken |

florecer (vi)	гүлдөө	gyldøø
marchitarse (vr)	соолуу	sooluu
olor (m)	жыт	dʒıt
cortar (vt)	кесүү	kesyy
coger (una flor)	үзүү	yzyy

98. Los cereales, los granos

grano (m)	дан	dan
cereales (m pl) (plantas)	дан эгиндери	dan eginderi
espiga (f)	машак	maʃak

trigo (m)	буудай	buudaj
centeno (m)	кара буудай	kara buudaj
avena (f)	сулу	sulu
mijo (m)	таруу	taruu
cebada (f)	арпа	arpa

maíz (m)	жүгөрү	dʒygøry
arroz (m)	күрүч	kyrytʃ
alforfón (m)	гречиха	gretʃixa

guisante (m)	нокот	nokot
fréjol (m)	төө буурчак	tøø buurtʃak
soya (f)	соя	soja
lenteja (f)	жасмык	dʒasmık
habas (f pl)	буурчак	buurtʃak

LOS PAÍSES

99. Los países. Unidad 1

Afganistán (m)	Ооганстан	ooganstan
Albania (f)	Албания	albanija
Alemania (f)	Германия	germanija
Arabia (f) Saudita	Сауд Аравиясы	saud aravijası
Argentina (f)	Аргентина	argentina
Armenia (f)	Армения	armenija
Australia (f)	Австралия	avstralija
Austria (f)	Австрия	avstrija
Azerbaidzhán (m)	Азербайжан	azerbajdʒan
Bangladesh (m)	Бангладеш	bangladeʃ
Bélgica (f)	Бельгия	belʲgija
Bielorrusia (f)	Беларусь	belarusʲ
Bolivia (f)	Боливия	bolivija
Bosnia y Herzegovina	Босния жана	bosnija dʒana
Brasil (f)	Бразилия	brazilija
Bulgaria (f)	Болгария	bolgarija
Camboya (f)	Камбожа	kambodʒa
Canadá (f)	Канада	kanada
Chequia (f)	Чехия	tʃeχija
Chile (m)	Чили	tʃili
China (f)	Кытай	kıtaj
Chipre (m)	Кипр	kipr
Colombia (f)	Колумбия	kolumbija
Corea (f) del Norte	Түндүк Корея	tundyk koreja
Corea (f) del Sur	Түштүк Корея	tyʃtyk koreja
Croacia (f)	Хорватия	χorvatija
Cuba (f)	Куба	kuba
Dinamarca (f)	Дания	danija
Ecuador (m)	Эквадор	ekvador
Egipto (m)	Египет	egipet
Emiratos (m pl) Árabes Unidos	Бириккен Араб Эмираттары	birikken arab emirattarı
Escocia (f)	Шотландия	ʃotlandija
Eslovaquia (f)	Словакия	slovakija
Eslovenia	Словения	slovenija
España (f)	Испания	ispanija
Estados Unidos de América (m pl)	Америка Кошмо Штаттары	amerika koʃmo ʃtattarı
Estonia (f)	Эстония	estonija
Finlandia (f)	Финляндия	finlʲandija
Francia (f)	Франция	frantsija

100. Los países. Unidad 2

Georgia (f)	Грузия	gruzija
Ghana (f)	Гана	gana
Gran Bretaña (f)	Улуу Британия	uluu britanija
Grecia (f)	Греция	gretsija
Haití (m)	Гаити	gaiti
Hungría (f)	Венгрия	vengrija
India (f)	Индия	indija
Indonesia (f)	Индонезия	indonezija
Inglaterra (f)	Англия	anglija
Irak (m)	Ирак	irak
Irán (m)	Иран	iran
Irlanda (f)	Ирландия	irlandija
Islandia (f)	Исландия	islandija
Islas (f pl) Bahamas	Багам аралдары	bagam araldarı
Israel (m)	Израиль	izrailʲ
Italia (f)	Италия	italija
Jamaica (f)	Ямайка	jamajka
Japón (m)	Япония	japonija
Jordania (f)	Иордания	iordanija
Kazajstán (m)	Казакстан	kazakstan
Kenia (f)	Кения	kenija
Kirguizistán (m)	Кыргызстан	kırgızstan
Kuwait (m)	Кувейт	kuvejt
Laos (m)	Лаос	laos
Letonia (f)	Латвия	latvija
Líbano (m)	Ливан	livan
Libia (f)	Ливия	livija
Liechtenstein (m)	Лихтенштейн	lixtenʃtejn
Lituania (f)	Литва	litva
Luxemburgo (m)	Люксембург	lʉksemburg
Macedonia	Македония	makedonija
Madagascar (m)	Мадагаскар	madagaskar
Malasia (f)	Малазия	malazija
Malta (f)	Мальта	malʲta
Marruecos (m)	Марокко	marokko
Méjico (m)	Мексика	meksika
Moldavia (f)	Молдова	moldova
Mónaco (m)	Монако	monako
Mongolia (f)	Монголия	mongolija
Montenegro (m)	Черногория	tʃernogorija
Myanmar (m)	Мьянма	mjanma

101. Los países. Unidad 3

Namibia (f)	Намибия	namibija
Nepal (m)	Непал	nepal

Noruega (f)	Норвегия	norvegija
Nueva Zelanda (f)	Жаңы Зеландия	ʤaŋɪ zelandija
Países Bajos (m pl)	Нидерланддар	niderlanddar
Pakistán (m)	Пакистан	pakistan
Palestina (f)	Палестина	palestina
Panamá (f)	Панама	panama
Paraguay (m)	Парагвай	paragvaj
Perú (m)	Перу	peru
Polinesia (f) Francesa	Француз Полинезиясы	frantsuz polinezijasɪ
Polonia (f)	Польша	polʲʃa
Portugal (f)	Португалия	portugalija
República (f) Dominicana	Доминикан Республикасы	dominikan respublikasɪ
República (f) Sudafricana	ТАР	tar
Rumania (f)	Румыния	rumɪnija
Rusia (f)	Россия	rossija
Senegal	Сенегал	senegal
Serbia (f)	Сербия	serbija
Siria (f)	Сирия	sirija
Suecia (f)	Швеция	ʃvetsija
Suiza (f)	Швейцария	ʃvejtsarija
Surinam (m)	Суринам	surinam
Tayikistán (m)	Тажикистан	taʤikistan
Tailandia (f)	Таиланд	tailand
Taiwán (m)	Тайвань	tajvanʲ
Tanzania (f)	Танзания	tanzanija
Tasmania (f)	Тасмания	tasmanija
Túnez (m)	Тунис	tunis
Turkmenia (f)	Туркмения	turkmenija
Turquía (f)	Түркия	tyrkija
Ucrania (f)	Украина	ukraina
Uruguay (m)	Уругвай	urugvaj
Uzbekistán (m)	Өзбекистан	øzbekistan
Vaticano (m)	Ватикан	vatikan
Venezuela (f)	Венесуэла	venesuela
Vietnam (m)	Вьетнам	vjetnam
Zanzíbar (m)	Занзибар	zanzibar

KIRGUÍS
VOCABULARIO

PALABRAS MÁS USADAS

ESPAÑOL-
KIRGUÍS

Las palabras más útiles
Para expandir su vocabulario y refinar
sus habilidades lingüísticas

3000 palabras

Vocabulario Español-Kirguís - 3000 palabras más usadas
por Andrey Taranov

Los vocabularios de T&P Books buscan ayudar en el aprendizaje, la memorización y la revisión de palabras de idiomas extranjeros. El diccionario se divide por temas, cubriendo toda la esfera de las actividades cotidianas, de negocios, ciencias, cultura, etc.

El proceso de aprendizaje de palabras utilizando los diccionarios temáticos de T&P Books le proporcionará a usted las siguientes ventajas:

- La información del idioma secundario está organizada claramente y predetermina el éxito para las etapas subsiguientes en la memorización de palabras.
- Las palabras derivadas de la misma raíz se agrupan, lo cual permite la memorización de grupos de palabras en vez de palabras aisladas.
- Las unidades pequeñas de palabras facilitan el proceso de reconocimiento de enlaces de asociación que se necesitan para la cohesión del vocabulario.
- De este modo, se puede estimar el número de palabras aprendidas y así también el nivel de conocimiento del idioma.

T&P Books Publishing
www.tpbooks.com

ISBN: 978-1-78767-028-0

Este libro está disponible en formato electrónico o de E-Book también.
Visite www.tpbooks.com o las librerías electrónicas más destacadas en la Red.